# 中学生综合素质的培养

## 活动育人理念下的主题班会课设计

潘正茂 著



中国纺织出版社有限公司

**图书在版编目（CIP）数据**

中学生综合素质的培养：活动育人理念下的主题班会课设计 / 潘正茂著. -- 北京：中国纺织出版社有限公司, 2024. 12. -- ISBN 978-7-5229-2392-5

Ⅰ. G635.5

中国国家版本馆CIP数据核字第2024AX2860号

责任编辑：李凤琴　　责任校对：王蕙莹　　责任印制：储志伟

中国纺织出版社有限公司出版发行
地址：北京市朝阳区百子湾东里A407号楼　邮政编码：100124
销售电话：010—67004422　传真：010—87155801
http://www.c-textilep.com
中国纺织出版社天猫旗舰店
官方微博 http://weibo.com/2119887771
北京华联印刷有限公司印刷　各地新华书店经销
2024年12月第1版第1次印刷
开本：710×1000　1/16　印张：12.5
字数：185千字　定价：62.00元

# 序 言

在当今全球化、信息化高速发展的时代，教育面临着前所未有的挑战与机遇。信息技术的飞速发展和互联网的普及，使得知识的获取变得更加便利，但同时也对传统教育提出了挑战。学校不仅需要教授知识，更要培养学生的批判性思维、创新能力和解决问题的能力，以更好地培养适应新时代要求的全面发展的人才。在此背景下，活动育人的理念应运而生，它成为培养适应未来社会所需人才的重要途径。教育者们逐渐认识到，学生的全面发展不能仅仅依赖于学科知识的积累，还应当借助实践活动来培养他们的社交能力、情感智力和道德素养。

2017年正式颁布的《中小学德育工作指南》进一步指出，“活动育人是德育实施的重要途径之一，要组织开展主题明确、内容丰富、形式多样、吸引力强的教育活动，以鲜明正确的价值导向引领学生，以积极向上的力量激励学生，促进学生形成良好的思想品德和行为习惯”。这为中小学德育工作提供了明确的方向。

德育不是孤立的教育行为，而是需要贯穿于学校教育教学的全过程和各个环节。活动育人作为重要的育人途径之一，它将教育与实践活动紧密结合，通过丰富多彩的活动形式，引导学生在参与中体验、在体验中感悟、在感悟中成长，这与现代教育所倡导的以学生为中心、注重实践能力培养的理念高度契合。

主题班会课作为学校德育工作的重要载体，有着其独特的内生机制。教师通过有计划、有目的的组织引导，依据学生的身心发展特点和班级整体情况，确定班会主题，营造特定的教育情境。这种情境如同一个充满能量的磁场，能够激发学生的学习动机和兴趣，促使他们积极主动地参与班会活动。同时，主题班会课也是班级文化建设的重要组成部分，它有助于塑造学生积极向上的班级精神和价值观念，增强班级凝聚力，为学生提供良好的学习和成长环境。

然而，当前的班会课在实践中面临着诸多困境。一方面，部分班会课存在形式单一的问题。传统的说教式、灌输式班会仍然占据一定比例，教师在讲台上滔滔不绝，学生却缺乏参与感和积极性，使得班会课沦为一种表面化的教育形式，难以触及学生的内心深处。另一方面，班会课内容的针对性不强。一些班会主题缺乏对学生实际需求和困惑的深入调研，导致内容与学生的生活实际脱节，无法引起学生的共鸣。此外，在班会课的设计和组织过程中，往往忽视了学生的主体地位，学生只是被动地接受教育，而没有机会主动参与到班会的策划和实施中，这极大地限制了班会课的教育效果。

活动育人理念下的主题班会课为解决这些困境提供了新的思路和方法，具有丰富的意蕴。

首先，它强调以学生为中心，将学生的兴趣、需求和发展作为班会课设计的出发点和落脚点。通过问卷调查、小组讨论、个别访谈等方式，深入了解学生关心的热点话题和面临的问题，以此确定班会主题，如“网络时代的社交困境与突破”“流行文化对青少年价值观的影响”等。这些贴近学生生活的主题能够迅速吸引学生的注意力，激发他们的参与热情。

其次，活动育人理念下的主题班会课注重体验式学习。在班会课设计中，教师通过创设各种真实或模拟的情境，让学生在实践中亲身体验，如在“感恩教育”主题班会中，组织学生给父母写感恩信、拍摄感恩视频，并在班会上分享自己的情感故事，使学生在情感体验中深刻理解感恩的内涵；在“挫折教育”主题班会中，设置一些具有挑战性的团队游戏或个人挑战项目，让学生在面对困难和挫折时学会应对和克服，培养他们的坚韧品质。这种体验式学习方式能够让学生将所学知识和技能内化为自身的素养，提高教育的实效性。

最后，活动育人理念下的主题班会课突出综合素养的培养。它不再局限于传统的品德教育，而是将知识传授、能力培养和品德塑造有机融合。

综上，活动育人理念下的主题班会课是适应时代发展要求、符合教育规律和学生成长特点的一种创新教育形式。它为中小学德育工作注入了新的活力，为培养具有创新精神、实践能力和良好品德的新时代人才进行了有益探索，提供了有力支持。希望本书能够为广大教育工作者在主题班会课的设计和实施方面提供有益的参考，帮助大家更好地运用活动育人理念，打造富有教育意义和吸引力的主题班会课，让每一位学生都能在班会课中获得成长和发展。感谢读者对本书的关注与支持，愿我们共同为教育事业的发展贡献力量。

潘正茂

2024年11月于佛山

# 目录

第一章　概念界定与理论研究　_ 001
第二章　主题班会课的困境及成因　_ 013
第三章　主题班会课的特征　_ 021
第四章　主题班会课的内容指向　_ 035
第五章　主题班会课的师生关系　_ 045
第六章　主题班会课的情景设计　_ 051
第七章　主题班会课的设计原则　_ 059
第八章　主题班会课的实施策略　_ 067
第九章　主题班会课的教学评价　_ 077
第十章　主题班会课的编写体例　_ 091
第十一章　主题班会课教学实例　_ 103

第一节　“以诚载信”班会课教学设计　_104
第二节　“让生命教育在现场”班会课教学设计　_111
第三节　“面对挫折”班会课教学设计　_117
第四节　“认识你自己”班会课教学设计　_125
第五节　“我的未来不是梦”班会课教学设计　_130
第六节　“近距离的爱”班会课教学设计　_135
第七节　“有梦想不会输”班会课教学设计　_149
第八节　“学会与父母沟通”班会课教学设计　_155
第九节　“合理归因”班会课教学设计　_163
第十节　“责任成就未来”班会课教学设计　_171
第十一节　“言谈有礼”班会课教学设计　_178

参考文献　_186
后　记　_189

# 第一章

# 概念界定与理论研究

在当今教育领域，活动育人是一种重要的教育理念和实践方式，受到广泛关注。通过丰富多样的活动，能够激发学生的学习兴趣和主动性，进而促进学生在知识、技能、情感、态度等多方面的发展。这种方式打破了传统教育以教师讲授为主的模式，将教育融入学生的实际体验，使教育更生动、更鲜活、更有生命力。鉴于此，国内外学者从不同角度对活动育人进行了深入研究。笔者旨在对这些研究进行全面梳理和分析，揭示活动育人的内生机制。

## 一、相关概念的界定

### （一）活动育人

中国古代的“六艺”教育，“礼、乐、射、御、书、数”涵盖了道德规范、艺术修养、军事技能、文化知识等多个领域。“礼”通过各种礼仪活动，如祭祀、朝觐等仪式，培养人们的道德观念和行为准则，让人们在实践这些礼仪的过程中懂得尊重、谦逊等品质；“乐”包括音乐、舞蹈等活动，不仅陶冶人的情操，还在集体演奏或表演中培养团队协作精神和节奏感。“射”与“御”则是军事训练活动，使受教育者具备强健的体魄和军事素养，同时在训练中培养竞争意识和应对挑战的能力。“书”和“数”是文化知识类活动，通过书写、计算等活动提升文化水平和思维能力。这些教育活动都是将知识、技能和道德培养融入具体的活动中，体现了古代教育通过活动实现育人的理念。

古希腊的教育也十分重视活动育人。例如，雅典的教育注重体育竞技活动，如奥林匹克运动会等相关的训练和比赛。这些体育活动不仅塑造了年轻人强壮的体魄，更培养了他们的竞争意识、荣誉感和公平精神。同时，古希腊的哲学讨论活动也非常盛行，在广场等公共场所，学者和年轻人聚集在一起讨论哲学问题，这种活动促进了思维的发展和智慧的启迪。

在现代教育背景下，活动育人具有更广泛而深刻的内涵。活动育人是一种以学生为主体的教育理念。它强调通过各种有计划、有组织的活动，让学生在参与过程中实现知识的学习、能力的培养和品德的塑造。这些活动包括社会实践活动、校园文化活动、科技探索活动、艺术创作活动等。例如，社会实践活动中的社区志愿服务，学生在帮助他人的过程中，能够深刻理解社会问题和他人的需求，增强社会责任感；校园文化节中的艺术表演、展览等活动，为学生提供了展示自我和发挥创造力的平台，培养了审美能力和创新精神。

《中小学德育工作指导》中活动育人强调“通过形式多样的活动促进学生品德发展，要精心设计、组织开展主题明确、内容丰富、形式多样、吸引力强的教育活动。这些活动包括节日活动、仪式教育活动、校园节（会）活动、团队活动等”。

从教育方法角度，活动育人注重体验式学习和合作学习。学生通过亲身体验获得直接经验，这种经验比单纯的书本知识更具深刻性和持久性。例如，户外探险活动让学生在面对自然挑战时，学会生存技能和坚韧不拔的品质。同时，大部分活动都需要学生之间的合作，如小组项目式学习、团队竞赛等，在合作过程中，学生学会沟通、协调、分工，培养团队协作能力和人际交往能力。

### （二）主题班会

主题班会是围绕一个特定主题，在班主任或班委会组织下，以班级为单位开展的集体教育活动。它是班级管理和教育工作中的重要组成部分，有着明确的教育意图和目标。

主题班会的主题选择广泛，可以涵盖思想道德教育、心理健康教育、学习方法指导、安全教育、人际关系处理等各个与学生成长发展相关的领域。在形式上，主题班会极为灵活多样，可以是讨论式，让学生就某个话题各抒己见，如在“网络对青少年的影响”主题班会中，学生们分享自己的上网经历和看法；也可以是表演式，通过小品、短剧等展示教育内容，比如，在“文明礼仪伴我行”主题班会中，学生们表演在不同场景下的文明与不文明行为；还可以是演讲式、案例分析式等。其核心是通过这些形式，引导学生积极参与，使他们在思想和情感上受到触动，从而达到教育目的。

### （三）主题班会课

主题班会课是一种将主题班会纳入课程体系，有计划、有组织、有课时保障的班级教育课程形式。它与主题班会相比，更具系统性和规范性。主题班会课有明确的课程目标，这些目标是根据不同年龄段学生的心理特点、认知水平和教育大纲的要求制定的。从实施过程来看，主题班会课有固定的课时安排，这使得教育活动能够得到充分的时间保障。教师在主题班会课中，需要精心设计教学环节，包括导入、主体活动、总结升华等。同时，主题班会课还强调教育评价，通过对学生在班会课中的表现、参与度以及课后反馈等多方面进行评估，来检验课程的教育效果，并为后续课程的改进提供依据。

### （四）主题班会与主题班会课的异同

两者的联系在于都是以班级为单位对学生进行教育的重要途径，都围绕主题开展，且都以促进学生全面发展为最终目标。

区别在于，主题班会相对更具灵活性，可根据班级临时出现的情况或热点话题随时开展，而主题班会课更强调课程属性，更注重系统性和规范性；主题班会在时间安排上可能比较灵活，而主题班会课则需要遵循学校的课程表安排。主题班会课在教育资源的整合、教育方法的运用等方面也更加严谨，以更好地实现长期、稳定的教育效果。

## 二、国内外研究情况

### （一）国外关于活动育人的理论研究

#### 1.实用主义教育理论

实用主义教育理论以杜威为代表，强调教育与生活的紧密联系。杜威认为，教育即生活，学校即社会，教育的过程就是学生生活的过程。在这一理论指导下，活动成为教育的核心。他主张通过学生的主动参与和实践活动，让学生在做中学。例如，学校可以设置各种实践课程，如烹饪、手工制作等，学生在这些活动中运用所学知识解决实际问题，从而更好地理解和掌握知识。这种理论为活动育人提供了重要的哲学基础，促使教育者重视学生的实际体验和实践能力的培养。

### 2.建构主义理论

建构主义理论认为，知识不是通过教师传授得到的，而是学习者在一定的情境下，借助他人的帮助，利用必要的资料，通过意义建构的方式而获得。在活动育人中，建构主义强调活动情境的创设。例如，在科学实验活动中，学生不是简单地按照教师的步骤完成实验，而是在自己提出问题、假设、设计实验、分析结果的过程中，构建对科学概念的理解。教师的作用是为学生提供支持和引导，帮助学生在活动中完成知识的建构。这种理论为活动育人的设计和实施提供了心理学依据，强调了学生的主动参与和思维发展。

### 3.多元智能理论

加德纳的多元智能理论指出，人类的智能是多元化的，包括语言智能、逻辑–数学智能、空间智能、身体–运动智能、音乐智能、人际关系智能、自我认识智能和自然观察智能等。这一理论认为，每个学生都有自己独特的智能组合，教育应该尊重并发展学生的多种智能。活动育人基于多元智能理论，设计多样化的活动来激发不同智能的发展。例如，通过戏剧表演可以锻炼学生的语言智能、身体–运动智能和人际关系智能；户外探索活动有助于发展自然观察智能和身体–运动智能等。多元智能理论为活动育人的内容设计提供了丰富的视角，使教育活动更加全面地满足学生的发展需求。

### 4.库伯的体验式学习理论

美国心理学家大卫·库伯在整合前人经验学习模式并引入建构主义学说后，提出了体验式学习理论即经验学习圈理论，它分为四个学习阶段：第一个阶段是具体体验，这一阶段学习者完全投入新体验，这种体验可以是直接或间接的。这是学习的起始点，例如，学生参与实地考察、实验操作等直接体验，或者通过观看纪录片、阅读案例等获得间接体验，为后续学习奠定基础。第二个阶段是反思性观察。这一阶段学习者回到任务起点，对已做或尝试过的事情进行回顾和提问。在此阶段，人们对经验中的“知识碎片”进行回忆、清理、整合与分享，将“经验”条理化。例如，学生在完成小组项目后，一起讨论过程中遇到的问题、各自的表现等。第三个阶段是抽象概括化，这一阶段学习者依据已有理论知识，将反思结果从理论上理解吸收，形成合乎逻辑的概念。这一阶段涉及找出问题答案，做出概括和结论，形成经验假设。如在对项目反思后，学生结合所学理论知识，总结出项目成功或失败的理论原因。第四个阶段是主动实验，这一阶段学习者验证概念并应用于制定策略和解决问题，是知识应用和巩固阶段。例如，学生将总结出的项目经验运用到下一个类似项目中，检验是否能提高效率和质量。

## （二）国外关于活动育人教育模式的研究情况

### 1.项目式学习（Project-Based Learning，PBL）

项目式学习是国外广泛应用的一种活动育人实践模式。它以项目为载体，学生围绕一个具体的、有挑战性的项目主题，开展一系列的探究活动。在项目式学习中，学生需要明确项目目标、制订计划、收集资料、进行实践操作、分析结果并展示成果。例如，在一个关于“设计校园花园”的项目中，学生要运用数学知识计算花园面积和布局，运用科学知识了解植物生长条件，运用艺术知识设计花园外观，同时还要通过团队协作完成整个项目。这种模式培养了学生的综合能力，包括问题解决能力、团队协作能力、自主学习能力和创新能力等。

### 2.户外教育（Outdoor Education）

户外教育在欧美国家有着悠久的历史和丰富的实践经验，它将教育活动拓展到户外自然环境中，让学生在亲近自然的过程中学习。户外教育的形式多样，包括野外生存训练、生态考察、户外运动等。例如，在野外生存训练中，学生要学习搭建帐篷、寻找水源、辨别方向等生存技能，同时培养坚韧不拔的意志品质和环境适应能力。生态考察活动则让学生了解自然生态系统，增强环保意识。户外教育把学生从传统的教室环境中解放出来，在真实的自然情境中获得全面发展。

### 3.服务-学习（Service-Learning）

服务-学习是一种将社区服务与学术学习相结合的教育模式。学生参与社区的公益服务活动，如为贫困社区提供帮助、参与环保公益行动等，同时将这些服务体验与学校课程内容相联系，进行反思和学习。例如，学生在参与社区的环保活动后，回到学校学习环境科学相关知识，分析活动中的环境问题，并提出改进方案。这种模式培养了学生的社会责任感、公民意识和实践能力，促进了学校与社区的紧密联系。

## （三）国外关于活动育人的研究综述

### 1.研究视角多元化

国外关于活动育人的研究视角呈现出多元化的特点。从教育学、心理学、社会学等多学科角度对活动育人进行研究。教育学视角关注活动育人的课程设计、教学方法等；心理学视角研究活动对学生心理发展的影响，如动机、兴趣、自我效能感等；社会学视角则探讨活动育人与社会公平、社会融合等问题的关系。例如，有研究从社会学角度分析户外教育对不同社会阶层学生的影响，发现这种活动有助于缩小社会阶层在教育机会上的差距。

### 2.效果评估深入化

在活动育人效果评估方面，国外研究较为深入。除了传统的学业成绩评估，更加注重对学生非认知能力的评估。例如，通过使用标准化的量表评估学生的社会情感能力、创造力、领导力等。同时，采用多种评估方法，包括教师评价、学生自评、同伴评价、长期跟踪观察等。例如，在研究项目式学习对学生能力的影响时，通过长期跟踪观察参与项目的学生在大学阶段及职业发展中的表现，来全面评估项目式学习的长期效果。

### 3.技术融合创新化

随着信息技术的发展，国外在活动育人中积极融合新技术。虚拟现实（VR）、增强现实（AR）技术被广泛应用于创造沉浸式的活动体验。例如，在历史教育活动中，学生通过VR技术仿佛置身于历史事件现场，增强了对历史知识的理解和记忆。在线协作平台促进了国际间学生的合作学习，打破了地域限制，使学生在跨国项目中锻炼跨文化交流的能力。

## （四）国内关于活动育人的理论研究

### 1.素质教育理论

素质教育理论强调培养学生的综合素质，包括思想道德素质、科学文化素质、身体心理素质、劳动技能素质等。活动育人被视为实施素质教育的重要途径。素质教育理论认为，通过丰富多彩的活动，可以促进学生全面发展。例如，科技创新活动可以培养学生的科学素养和创新能力，艺术活动可以提高学生的审美情趣和文化素养，社会实践活动有助于增强学生的社会责任感和实践能力。素质教育理论为我国活动育人的目标和内容设定提供了指导，使活动育人围绕提高学生综合素质展开。

#### 2.陶行知生活教育理论

陶行知的生活教育理论主张“生活即教育”“社会即学校”“教学做合一”。这一理论与活动育人理念相契合，强调教育与生活实践的结合。在生活教育理论指导下，我国教育实践注重通过生活中的实际活动开展教育。例如，开展生活技能培训活动，让学生学会自理生活；组织社会调查活动，让学生了解社会现象，培养观察和分析问题的能力。陶行知的生活教育理论为我国活动育人提供了本土化的理论依据，强调教育的实践性和生活性。

#### 3.核心素养理论

核心素养理论提出培养学生适应终身发展和社会发展需要的必备品格和关键能力。我国学者在核心素养框架下研究活动育人，强调通过活动培养学生的核心素养。例如，通过小组合作探究活动培养学生的团队协作能力、沟通能力等社会参与素养；通过阅读、写作等自主学习活动发展学生的自主学习能力、信息素养等自主发展素养；通过文化体验活动提升学生的文化底蕴、审美情趣等文化基础素养。核心素养理论为活动育人的目标和实践提供了新的方向和指导。

### （五）国内关于活动育人教育模式的研究情况

#### 1.综合实践活动课程

综合实践活动课程是我国基础教育课程改革的重要组成部分，它包括研究性学习、社区服务与社会实践、劳动与技术教育、信息技术教育四个指定领域。在综合实践活动课程中，学生自主选择课题或项目，开展实践探究。例如，在研究性学习中，学生可以围绕自己感兴趣的话题，如当地传统文化的传承与发展，通过查阅资料、实地考察、问卷调查等方式进行研究。社区服务与社会实践让学生参与社区的公益活动，增强社会责任感。劳动与技术教育培养学生的动手能力和劳动技能，信息技术教育则提升学生的信息素养。综合实践活动课程为学生提供了一个综合运用知识、发展能力的平台。

**2.主题班会活动**

主题班会是我国中小学班级管理和教育的重要形式。主题班会围绕特定的主题，如心理健康教育、安全教育、理想信念教育等，通过多种活动形式开展。例如，在心理健康主题班会中，可以采用心理测试、案例分析、小组讨论、角色扮演等形式，帮助学生了解自己的心理状态，学会应对压力和情绪管理的方法。安全教育主题班会可以通过播放安全教育视频、讲解安全知识、模拟安全事故场景等方式，提高学生的安全意识和自我保护能力。主题班会活动具有针对性强、贴近学生生活实际的特点，是班级层面活动育人的重要途径。

**3.校本特色活动**

学校根据自身的地域特色、文化传统和办学理念，开发了具有校本特色的活动。例如，一些位于少数民族地区的学校，开展具有民族特色的文化活动，如民族歌舞表演、民族传统体育项目比赛等，传承和弘扬民族文化，同时培养学生的民族自豪感和文化认同感。沿海地区的学校可以开展海洋文化主题活动，如海洋生物科普、航海模型制作等，培养学生对海洋的了解和探索精神。这些校本特色活动不仅丰富了学校的教育资源，更满足了不同学生的发展需求。

## （六）国内关于活动育人的研究现状

**1.政策推动下的实践探索**

我国政府出台了一系列政策文件，推动活动育人的实践，如《中共中央 国务院关于深化教育教学改革全面提高义务教育质量的意见》《中小学德育工作指南》等。在政策推动下，学校积极探索活动育人的实践模式，开展丰富多彩的活动，如研学旅行、科技创新大赛、校园文化节等。体育竞技比赛也备受关注，培养学生的团队协作与坚韧精神。还有志愿服务活动，让学生深入社会，增强社会责任感，在实践中塑造健全人格，为未来发展奠定基础。这些活动相互交织，形成独特的育人画卷。

### 2.与学科教学融合研究

国内学者越来越关注活动育人与学科教学的融合。在语文教学中，可以通过课本剧表演、诗歌朗诵会等活动，让学生在活动中理解和感受文学作品的魅力，提高语文素养。在数学教学中，开展数学建模比赛、数学游戏等活动，培养学生运用数学知识解决实际问题的能力。这种融合研究旨在提高学科教学的质量，使学生在学科学习中获得更全面的发展。同时，也探索如何通过学科教学为活动育人提供知识支持，形成学科教学与活动育人相互促进的良好局面。

### 3.与传统文化传承融合研究

中国传统文化蕴含着丰富的教育资源，国内研究关注如何通过活动育人传承和弘扬传统文化。学者们提出将传统文化元素融入学校活动中，如传统节日庆典、经典诵读、传统手工艺制作等。在传统节日庆典活动中，学生可以了解节日的历史渊源、文化内涵和风俗习惯，增强民族自豪感和文化认同感；经典诵读活动让学生领略中华经典文学的魅力，培养良好的道德品质和语言表达能力；传统手工艺制作活动则传承了民间技艺，锻炼了学生的动手能力，使传统文化在新一代得以延续。

## （七）国内外活动育人的研究综述

国内外研究都充分肯定了活动育人在学生发展中的重要价值。无论是培养学生的实践能力、创新能力、社会责任感，还是促进学生的情感、态度和价值观的发展，都认为活动是一种有效的教育手段。这种价值认同促使教育者积极探索和实践活动育人，不断丰富活动的内容和形式，以更好地满足学生的发展需求。

在活动育人的研究和实践中，国内外都强调学生的主体地位。活动的设计和实施都以学生为中心，关注学生的兴趣、需求和发展水平。鼓励学生积极参与活动，在活动中自主探索，发现问题，解决问题，培养学生的自主学习能力和独立思考能力。例如，在国内外的项目式学习和综合实践活动课程中，都给予学生较大的自主选择权，让学生根据自己的兴趣和能力确定项目或课题内容。

国内外都重视活动育人设计的系统性。活动不是孤立存在的，而是与课程、教学、评价等环节相互关联、相互配合。在设计活动时，会考虑活动目标、内容、实施过程和评价方式的一致性和连贯性。例如，国外的项目式学习从项目的规划、实施到成果评估都有一套完整的流程；国内的综合实践活动课程也强调从课程目标的确定、内容的选择到实施和评价的系统性设计。

但国外文化更强调个人主义和多元文化，活动育人更注重培养学生的个性发展、跨文化交际能力和全球视野。例如，国际交流项目在国外学校活动中较为常见，通过与不同国家的学生交流，学生更好地适应多元文化社会。而我国受传统文化影响，活动育人更注重集体主义精神、民族文化传承和社会责任感的培养。如传统文化体验活动、集体活动等在我国学校中广泛开展，以增强学生对民族文化的认同感和集体荣誉感。

## 三、活动育人的价值意蕴与未来展望

国内外诸多研究清晰地揭示出活动蕴含着丰富的育人价值。在实践活动中，学生可将理论知识与实际相融合，这一过程就像是搭建起一座桥梁，让知识顺利地从书本走进现实。如此一来，学生对知识的理解和掌握得以加深，运用知识解决实际问题的能力也随之提高。而且，亲身体验实践活动，能让学生收获宝贵的直接经验，如同在人生的画卷上增添绚丽色彩，使其阅历变得更加丰富。

活动育人以全面发展为教育目标，这是一种具有深远意义的理念。它如同一个全方位的导航系统，引导教育者关注的焦点从单一的学业成绩，拓展到学生品德、能力、个性等多个维度。正因为此，活动在设计上，内容和形式必须广泛涵盖多个领域，就像为学生打造了一个多元化的成长空间，满足他们不同方面的发展需要，有力地推动学生朝着全面成长的方向迈进。

活动育人还极为强调教育与生活的融合，这是教育回归本质的体现。教育与生活本应是水乳交融的关系，就像鱼和水一样不可分割。例如，家务劳动、社区服务这类与生活紧密相连的活动，为学生创造了学以致用的机会。

通过这些活动，学生将知识和技能运用到实际生活中，如同给生活注入了智慧的力量，他们的生活自理能力和社会适应能力会显著提升，也能更加深刻地领悟生活的意义和价值。

国内外活动育人研究都取得了丰硕的成果，为教育实践提供了宝贵的经验和理论指导。然而，无论是国内还是国外，活动育人都面临一些挑战和问题。例如，如何更好地平衡活动育人与学科教学的关系，确保活动育人不被边缘化；如何解决教育资源不平衡问题，使更多学生受益于高质量的活动育人；如何进一步完善活动育人的评价体系，更准确地评估活动育人的效果等。活动育人强调以学生为中心，关注学生的兴趣、需求和发展。活动的设计和实施都要围绕学生的实际情况进行，充分发挥学生的主体作用，让学生在活动中自主学习、自主发展。这种以学生为中心的教育理念符合现代教育的发展趋势，有助于培养具有创新精神和实践能力的高素质人才。

在未来教育发展进程中，充分发挥活动育人的价值，尤其是在班会课中凸显其作用，是教育工作者需要重点关注的方向，尤其是在创新活动育人模式和方法上不断探索。充分利用现代信息技术是重要途径，比如，运用虚拟现实（VR）、增强现实（AR）技术，为班会课等活动育人场景创造沉浸式体验，让学生更直观地理解知识，提升能力。同时，积极拓展活动育人的空间和资源，整合线上线下资源，开发丰富多样的教育平台和课程内容。

随着社会的持续发展和教育改革的深入推进，活动育人的内涵和形式必须与时俱进。我们要紧密围绕新时代对人才培养的新要求，不断更新和拓展活动育人的内容与形式。在班会课中，可以结合社会热点话题、新兴行业发展等内容设计活动，培养学生适应未来社会的创新思维、实践能力和社会责任感。

# 第二章

# 主题班会课的困境及成因

主题班会课作为学校教育中培养学生综合素质和道德素养的关键环节，对学生的全面发展有着不可替代的作用。然而，在实际开展过程中，却遭遇了一系列困境，这些困境严重阻碍了班会课教育功能的有效发挥。深入剖析这些困境及其背后的成因，对于提升班会课质量、促进学生发展具有至关重要的意义。笔者将结合丰富的实践案例，从思维、价值、实践逻辑以及班主任的认知偏差等多个维度，深入探讨活动型主题班会课所面临的困境及成因，力求呈现具有深度的分析。

## 一、主客二分的思维困境

主客二分思维是一种哲学认知模式，在这种思维方式下，当人们认识某一事物时，将“我”视为认识的主体，而把“事物”当作“我”认识的客体。主体与客体之间相互作用、彼此独立，就像在观察一个物体时，观察者（主体）站在自己的角度去审视这个物体（客体），试图通过了解物体的本质和规律来征服它，从而达到主体与客体的统一。这种思维模式在人类认识世界的过程中有一定的普遍性，但在教育领域，尤其是活动型主题班会课中，却带来了一些问题。

在活动型主题班会课的情境中，主客二分的思维模式如同顽固的枷锁，束缚着教育的有效开展。班主任作为班会课的主导者，常常不自觉地将自己定位为主体，将学生视为客体。例如，在设计“环保行动”主题班会课时，班主任可能会依据自己的想法单方面规划班会流程、确定内容和设计活动形式。从环保知识的讲解到实践活动的安排，都是从自身的认知出发，鲜少考虑学生的兴趣、需求和想法。在这种模式下，班会课变成了班主任的“独角戏”，学生只是被动地接受安排，如同被观察和操控的对象，而不是积极参与的能动个体。

这种思维模式导致学生在班会课中的参与呈现出明显的被动性。在讨论环节，班主任可能会引导学生朝着自己预设的方向思考，抑制了学生自主提出问题和观点的积极性。以“网络文明”主题班会课为例，班主任希望学生认识到网络暴力的危害，于是在班会课上不断强调自己准备的案例和观点，却忽视了学生在网络世界中的实际体验以及他们对网络文明独特的理解和感受。如此一来，班会课中的师生互动失去了应有的活力，学生的主体地位被严重忽视，班会课沦为了知识和观点的单向灌输渠道。这种教育方式就像一堵墙，将班主任和学生隔离开来，双方无法真正在思想和情感上产生共鸣，阻碍了学生对班会课内容的深入理解和内化。

传统教育观念中教师权威至上的思想根深蒂固，这种观念认为教师是知识的权威传授者，学生则是知识的被动接受者。长期以来，这种观念在教育领域占据主导地位，潜移默化地影响着班主任在班会课中的行为。在学校的日常教学中，传统的以教师为中心的教学模式长期盛行，这种模式延伸到班会课领域，使得主客二分的思维模式得以延续和强化。这种传统观念就像一个强大的磁场，将班主任的行为模式固定在以自我为中心的轨道上，难以摆脱。

许多班主任将教育过程简单地等同于知识和价值观的传递，忽略了学生在教育过程中的自主建构作用。他们错误地认为，只要将准备好的内容完整地传达给学生，就能实现教育目标。在“传统文化传承”主题班会课中，班主任可能只是机械地讲解传统文化知识，却没有关注学生如何将这些知识与自身的生活经验相结合，内化为自身的文化素养，也没有重视学生在这一过程中的主体能动作用。这种对教育过程的片面理解，进一步巩固了主客二分的思维定式。班主任在这种思维模式下，就像一个只知道按既定路线送货的快递员，没有意识到收件人（学生）对货物（知识）的处理和转化才是真正的关键环节。

## 二、规训主义的价值困境

规训主义是一种强调通过严格控制和规范来实现教育目的的价值立场。它将教育视为一种对学生行为和思想的规训过程，通过对时间、内容等方面的严格把控，使学生符合既定的标准和规范，而忽视了学生的自主性和体验。

在活动型主题班会课中，规训主义的一个突出表现是班主任对时间的严格控制。班主任为了保证班会课按照预定计划有序进行，往往对每个环节都设定了精确的时间限制。例如，在“安全教育”主题班会课中，班主任规定讲解安全知识的时间为20分钟，案例分析15分钟，学生讨论10分钟等。这种刻板的时间安排使得班会课节奏紧张，学生没有充足的时间深入思考问题，也无法充分参与讨论和活动，严重影响了班会课的质量和效果。这种时间管理方式就像一条紧箍咒，限制了学生思维的自由驰骋。

班主任倾向于用既定的内容和单一的方式对学生进行思想和行为的规训。在“文明礼仪”主题班会课中，班主任通常会列举一系列抽象的文明礼仪规范，要求学生无条件遵守。这些规范大多脱离了学生的实际生活情境，学生只是机械地接受，却难以真正理解文明礼仪在不同生活场景中的具体内涵和实践方式。这种对内容的严格控制，限制了学生的思维拓展和实践能力的培养，如同给学生的思想套上了枷锁，让他们只能在狭窄的范围内活动。

由于班会课被过度规训，学生在心理上容易产生抵触情绪。在“纪律教育”主题班会课中，如果班主任只是一味地强调纪律条文，而不结合学生的实际情况进行讲解和引导，学生可能会对这些内容产生厌烦心理，甚至产生逆反行为。他们在班会课上可能只是表面应付，内心却并未真正接受教育内容，导致班会课的教育效果大打折扣。这种抵触情绪就像一股暗流，在班会课的表面平静下涌动，随时可能破坏教育的效果。

规训主义主导下的班会课严重忽视了学生在道德实践中的真实体验。在“感恩教育”主题班会课中，班主任如果仅仅通过讲解感恩的道理和要求学生完成规定的感恩任务（如写感谢信等），而没有引导学生在日常生活中去发现、感受感恩的情感和意义，那么学生很难将感恩内化为自身的品德，无法真正实现道德素养的提升。这种忽视就像在建造一座没有根基的道德大厦，看似宏伟，却随时可能崩塌。

学校教育管理的功利化需求是规训主义产生的重要原因之一。学校和班主任为了便于管理，追求教育效果的快速显现，往往倾向于采用规训的方式开展班会课。他们希望通过统一的时间安排和内容控制，使学生迅速掌握知识和规范行为，以满足学校的管理要求和评价标准。例如，在应对学校的纪律检查和文明评比时，班主任希望通过规训式的班会课让学生迅速达到相应的标准，从而获得良好的评价结果。这种功利化的追求就像一把双刃剑，在短期内看似能达到管理目的，但从长远看却损害了教育的本质。

班主任受传统道德教育观念的影响，错误地认为道德是可以通过外部灌输和严格规范来培养的。他们忽视了道德的情境性和学生的自主发展能力，将道德教育简单化为知识传授和行为规范的强制实施。在“诚信教育”主题班会课中，班主任可能只是强调诚信的定义和要求，而没有引导学生在复杂的社会情境中理解诚信的价值和实践诚信的方式，导致学生对诚信的理解浮于表面，无法真正践行。这种错误认知就像在迷雾中航行的船只，失去了正确的方向指引。

## 三、目标达成的实践困境

目标达成思维是指在教育活动中，将预先设定的目标作为核心关注点，过于强调结果的实现，而相对忽视教育过程的一种实践逻辑。这种思维模式下，教育者往往更关注学生是否达到既定目标，而对学生在实现目标过程中的体验、学习和发展重视不足。

在活动型主题班会课的实践中，目标达成思维使班主任将预先设定的目标视为班会课的核心关注点，而严重忽视了班会课实施的过程。例如，在“团队协作”主题班会课中，班主任设定的目标是让学生理解团队协作的重要性并掌握一定的协作技巧。然而，在班会课实际开展过程中，班主任过于关注学生是否达到这一目标，通过快速的活动和简单的总结来评判，却没有充分关注学生在活动过程中的体验、感受以及团队协作中出现的实际问题。这种做法使得班会课失去了其应有的教育深度，学生只是形式上参与，无法真正从中学到有价值的东西。这种对目标的过度关注就像一个人只盯着终点线，却忽略了奔跑过程中的风景和自身能力的提升。

为了实现预定目标，班会课在实践中往往形成了固定的模式。以主题式班会课为例，多数班会课都遵循“开场引入—知识讲解—案例分析—活动体验—总结归纳”的模式。在“心理健康教育”主题班会课中，这种模式化的操作可能导致班会课千篇一律，缺乏针对性和创新性。而且，这种模式化的班会课容易与学生的生活实际脱节，使班会课变成一种形式化的活动，无法真正触动学生的心灵，引发他们的思考和共鸣。这种模式化就像一个模具，将班会课的形式固定下来，失去了灵活性和适应性。

由于过度关注目标达成，学生在班会课的体验变得低效甚至无效。在“科技创新”主题班会课中，如果班主任只是按照预定目标让学生了解一些科技成果，而没有为学生创造亲身体验科技创造过程的机会，学生很难真正感受科技创新的魅力和价值，对科技知识的理解也只能停留在表面，无法将其转化为实际的能力和素养。这种低效体验就像一场没有深度的旅行，学生只是走马观花，无法留下深刻的印象。

模式化的班会课往往与学生的生活实际相去甚远。在“职业规划”主题班会课中，如果班主任只是按照固定的流程讲解职业知识和规划方法，而不结合学生在日常生活中对不同职业的观察、了解和体验，学生可能会觉得职业规划是遥不可及的抽象概念，无法将班会课所学内容应用到实际生活中，导致班会课失去了对学生未来发展的指导意义。这种脱节就像一条断裂的链条，使教育与生活无法有效衔接。

当前的教育评价体系在很大程度上引导了班主任的班会课实践。这种评价体系往往侧重于结果和目标的达成，以成绩、行为表现等可量化的指标作为主要评价依据。在这种评价导向下，班主任在班会课中自然更关注目标的实现，以获得良好的评价。例如，学校对班会课的评价可能会着重看学生是否在行为上有明显的改变，是否掌握了特定的知识，这使班主任将注意力集中在这些可量化的目标上，而忽视了班会课过程中更重要的教育元素。这种评价体系的导向偏差就像一个错误的指南针，将班主任的教育方向引偏。

班主任可能对活动型主题班会课的系统性存在误解，将其简单地理解为按照预定的目标和模式开展活动。他们忽略了班会课在实践过程中的生成性和情境性，没有充分认识到学生在班会课中的体验和互动对于教育效果的关键作用。在“身边的乡土文化”主题班会课中，如果班主任只是按照既定的目标和模式开展活动，而不考虑学生在文化体验中的多样性和独特性，班会课就难以真正提升学生的文化素养，无法实现其应有的教育价值。这种片面理解就像盲人摸象，只看到了教育活动的局部，而没有把握整体。

## 四、认知偏差的教师困境

班主任认知偏差是指班主任在班会课相关的功能、学生地位和情境性等方面存在的错误理解或片面认识。这些偏差会影响班会课的设计、实施和效果，使班会课无法充分发挥其教育价值，满足学生发展需求。

部分班主任将班会课单纯地视为班级管理的工具，过分强调对学生行为的规范和纪律的维护。在这种认知下，班会课变成了班主任发布指令、强调班级规章制度的场所。例如，在每周的班会课上，班主任花费大量时间强调考勤、卫生等班级管理事项，而忽略了班会课作为培养学生思想道德、综合素质的重要功能。这种认知偏差使得班会课失去了其应有的教育意义，沦为一种简单的管理手段。这种情况就像把一座宝库当作仓库使用，只看到了其存储的功能，却忽视了其中蕴含的巨大价值。

有些班主任没有充分认识到班会课对学生个体发展的重要作用，没有将学生的个性化需求和发展目标纳入班会课的设计和实施中。在“成长与挫折”主题班会课中，班主任可能只是泛泛而谈挫折的普遍性和应对方法，而没有关注到班级中不同学生在面对挫折时的不同心理状态和实际困难。这种忽视学生个体差异的做法，使得班会课无法真正满足学生的发展需求，无法为每个学生提供有针对性的指导和帮助。这种忽视就像用统一尺码的鞋子给不同脚型的人穿，必然会导致不适和阻碍。

在“班级文化建设”主题班会课中，班主任可能不相信学生能够提出有价值的班级文化建设方案，而是自己设计好方案后让学生执行。这种认知偏差严重限制了学生的主动性和创造性，使学生在班会课中无法充分发挥自己的潜力。这种低估就像给学生的能力套上了一层无形的保鲜膜，限制了他们的成长和发展。

班主任有时会误解学生的兴趣所在，导致班会课内容和形式无法吸引学生。在设计“娱乐与健康”主题班会课内容时，班主任可能根据自己的判断选择一些传统的娱乐活动案例进行讲解，而没有考虑到现代学生对新兴娱乐方式（如电子游戏、网络直播等）的关注。由于班会课内容与学生兴趣脱节，学生在班会课中的参与度和积极性都受到了很大影响。这种误解就像在钓鱼时用错了鱼饵，无法吸引鱼儿上钩。

部分班主任在班会课中缺乏对现实生活情境的引入，使得班会课内容显得空洞抽象。在“消费观念”主题班会课中，如果班主任只是讲解一些理论性的消费知识，而不结合学生在日常生活中遇到的消费场景（如购买学习用品、零食等），学生很难将所学的消费观念应用到实际生活中，无法真正理解和接受班会课的教育内容。这种缺乏情境引入就像在真空中讲解物理知识，学生无法将其与实际生活联系起来。

班主任可能忽视了班会课情境的动态变化，没有根据不同的教育时机和学生的即时状态调整班会课的内容和形式。在“考试压力应对”主题班会课中，如果班主任没有考虑到考试临近时学生的紧张情绪变化，仍然按照原计划开展班会课，可能无法有效缓解学生的压力，班会课的效果也会大打折扣。这种忽视就像在不同季节穿同样的衣服，无法适应环境的变化。

主题班会课所面临的主客二分思维困境、规训主义价值困境、目标达成实践困境以及班主任的认知偏差问题相互交织，严重制约了班会课的教育质量和效果。这些困境的成因涉及传统教育观念、教育管理需求、教育评价体系以及班主任自身的教育素养等多方面因素。为了改善活动型主题班会课的现状，需要班主任深刻反思并转变思维方式和教育观念，重新审视班会课的教育价值和实践逻辑。教育管理部门和学校也应积极调整教育评价体系，为班会课的创新和发展创造有利条件。只有这样，才能真正使活动型主题班会课成为促进学生全面发展的有力平台，充分发挥其在学校教育中的重要作用。在未来的教育实践中，还需要进一步深入研究和探索如何更好地克服这些困境，推动班会课朝着更加科学、有效的方向发展。

# 第三章

# 主题班会课的特征

活动育人理念下的主题班会课是一种以实践、体验为核心，融合教育与生活，具有开放性特征的教育形式。它以实践活动为载体，区别于传统的说教式班会，让学生亲身参与其中，通过实际行动获取知识，锻炼能力。这种班会课具有开放性，内容、形式和参与人员不受传统限制，可引入丰富资源。同时，注重学生在活动中的情感体验，使其深刻感悟主题内涵，而且班会主题紧密联系生活，助力学生将所学应用于生活，促进全面发展。

## 一、自主探索的自主性

### （一）基于学生需求的内容抉择：贴合学生实际，激发内在动力

主题班会课的自主性突出体现在教育内容的选择上，这一选择深深根植于对学生全面而细致的了解。学生在不同发展阶段有着各异的兴趣爱好、面临着不同的问题，同时受到社会生活多方面的影响，这些都是确定班会课内容的关键依据，充分体现了以学生为中心的教育理念。

从兴趣角度而言，不同时代背景下学生的兴趣点差异显著。在当今数字化浪潮中，网络文化和电子竞技等新兴领域对学生具有强大吸引力。班主任可敏锐捕捉这一信息，开展如“网络文化的利与弊”主题班会课，引导学生深入探讨网络对学习、社交和价值观的影响，让他们认识到网络是一把双刃剑。在“电子竞技中的团队协作与竞争精神”主题班会课中，通过分析电竞比赛中的团队配合、战术策略以及选手们面对竞争压力的应对方式，培养学生在团队活动中的协作和竞争意识。这种结合兴趣点的内容选择，能极大地调动学生的积极性，促使他们主动参与到教育活动中来，变被动接受为主动探索。

班级学生在成长过程中必然会遭遇各种各样的问题，这些问题为主题班会课提供了丰富且有针对性的素材。人际关系方面，若班级内出现同学之间沟通不畅或产生矛盾的情况，“有效沟通：搭建友谊之桥”主题班会课就显得尤为必要。在课上，可以组织学生分享沟通中的困惑和成功经验，通过角

色扮演模拟不同的沟通场景，帮助学生掌握有效沟通的技巧，化解矛盾，增进友谊。学习压力也是常见问题，针对这一情况，可开展“轻松学习，快乐成长：应对学习压力的方法”主题班会课，让学生了解压力产生的原因，学习缓解压力的策略，如时间管理、情绪调节等。此外，社会生活中的热点问题与学生息息相关，例如，环保话题。在“绿色行动：我们的环保责任”主题班会课中，展示环境污染的现状、环保行动的成功案例，激发学生的环保意识，引导他们从自身做起，参与到环保行动中。对于社会公平正义问题，“公平正义在身边”主题班会课可以引导学生关注社会现象，培养他们的社会责任感和公平意识。

## （二）体现灵活多元的目标设定：因势利导，满足多元需求

在设计主题班会课活动时，班主任会根据预期的教育成果来确定每次活动的目标，并自主选择与之相匹配的活动方式。这种灵活性确保了班会课能够精准地满足学生在不同发展阶段、不同情境下的教育需求。

在目标设定上，教育目标具有鲜明的针对性和层次性，与学生的年龄特点和发展阶段紧密相连。对于初中学生，他们正处于行为习惯和道德观念形成的重要时期，因此主题班会课的目标更侧重于行为习惯的养成和基础道德观念的培养。例如，“诚实守信：做人的基本准则”主题班会课，通过讲述诚实守信的故事、案例分析等方式，让学生明白诚实守信的重要性，并引导他们在日常生活中践行，如按时完成作业、遵守承诺等。而初中学生的思维更加成熟，理性思维和自主意识逐渐增强，主题班会课的目标则倾向于培养他们的批判性思维、社会责任感和人生规划能力。像“社会热点问题分析与公民责任”主题班会课，引导学生关注社会热点，如社会公平、公共卫生事件等，运用批判性思维分析问题，并思考自己作为公民的责任。“规划未来：我的人生之路”主题班会课则帮助学生了解不同的职业选择、大学专业设置等信息，结合自身兴趣和特长，初步规划自己的人生道路。

主题班会课在形式上呈现出丰富多样的特点，为学生创造了多元化的学习体验，有力地激发了他们的学习兴趣和创造力。以“传统文化传承与创新”主题班会课为例，可以融合多种形式。首先，安排学生进行演讲，让他

们分享自己所了解的传统文化元素，如京剧、书法、剪纸等，这不仅锻炼了学生的表达能力，还加深了他们对传统文化的理解。接着组织小组讨论，围绕传统文化在现代社会面临的挑战与机遇展开深入探讨，如传统文化在现代科技冲击下的传承方式、如何将传统文化与现代创意产业相结合等问题，培养学生的团队协作和分析问题的能力。其次进行传统文化元素的文艺表演，如古典舞蹈展示传统文化的优美韵律、传统乐器演奏传递民族音乐的独特魅力等，让学生在艺术表演中感受传统文化的深厚内涵。最后开展关于传统文化如何创新发展的辩论，鼓励学生提出自己的观点，如传统文化在数字化传播中的创新模式、传统文化与现代时尚融合的可能性等，通过辩论激发学生的创新思维和对传统文化的深入思考。

对于初中学生，由于他们对传统的说教式教育方式存在一定的抵触情绪，在某些情况下，赋予学生更多的选择权能显著提高班会课的效果。例如，在“校园文化建设大家谈”主题班会课中，班主任可以先引导学生讨论校园文化的内涵和重要性，然后让学生自主分组，根据自己的兴趣选择校园文化建设的不同方面进行深入探讨和方案设计。有的小组可能关注校园环境美化，提出校园绿化、文化墙设计等方案；有的小组则侧重于文化活动组织，如设计校园文化节、科技节等活动的策划方案。在这个过程中，学生不再仅仅是教育的接受者，更是教育活动的积极设计者和参与者，他们的积极性和创造性得到了充分发挥，使班会课真正成为学生自主成长的平台。

## 二、贴近生活的生活性

### （一）回归日常生活：于细微处见教育真谛

活动型主题班会课活动的生活性主要体现在对学生日常生活的密切关注。日常生活是教育素材的无尽宝库，看似平凡的日常生活场景中，蕴含着无数具有深刻教育价值的契机，通过挖掘这些细微之处的教育意义，能够实现以小见大的教育效果。

以校园生活中的“课间十分钟”为例，这短暂的课间休息时间看似平常，却涉及众多教育内容。班主任可以开展“课间十分钟：文明与秩序”主题班会课，引导学生讨论如何在课间做到文明休息。比如，不大声喧哗，避免影响其他班级同学的学习；不追逐打闹，保障自身和他人的安全；合理安排休息时间，如适当放松身心、准备下节课的学习用品等。通过对课间十分钟这一日常场景的剖析，将教育内容延伸到文明素养、时间管理和尊重他人等重要的教育主题，培养学生在日常生活的点滴中形成良好的行为习惯。

家庭生活同样是教育的重要源泉，“家务分担”问题就是一个很好的教育切入点。开展“家务劳动：责任与成长”主题班会课，让学生明白家务劳动不仅是家庭责任的一部分，更是培养自理能力和责任感的关键途径。在班会课上，可以组织学生分享自己参与家务劳动的经历和感受，讨论家务劳动对家庭和谐、个人成长的积极作用。通过这样的班会课，引导学生从身边的小事做起，积极参与家务劳动，增强家庭责任感，同时也提高自己的生活自理能力。这种从日常生活中寻找教育主题的方式，能够让学生深刻体会到教育与生活的紧密联系，使教育内容更具现实意义和可操作性。

### （二）建构可能生活：点燃追求理想的热情

主题班会课不仅关注学生的现实生活，更重要的是引导他们建构可能生活，激发学生对未来的憧憬和追求。人作为具有理智和创造力的主体，对可能性有着天然的追求，而处于成长关键期的学生更是充满了对未来的好奇和探索欲望。

在主题班会课中，可以通过多种途径激发学生对可能生活的想象和追求。例如，在“科技创新改变生活”主题班会课中，向学生展示前沿的科技成果，如人工智能在医疗领域的应用、智能诊断系统能够快速准确地检测疾病，辅助医生进行治疗；在交通领域，自动驾驶技术的发展将改变人们的出行方式，提高交通效率和安全性；在教育领域，虚拟现实技术和在线教育平台相结合，为学生提供更加丰富、个性化的学习体验等。通过这些展示，引导学生思考科技发展将如何重塑未来的生活方式，鼓励他们树立科技创新的理想，培养对未知领域的好奇心和探索精神。

又如，在“梦想与未来职业”主题班会课中，向学生介绍各种新兴职业和传统职业在新时代的变化。新兴职业如电竞主播、数据分析师、无人机驾驶员等，让学生了解这些职业的工作内容、发展前景和所需技能。同时，讲述传统职业在数字化、智能化时代的转型，如传统制造业与工业互联网的融合、农业领域的智慧农业发展等。帮助学生根据自己的兴趣和特长规划未来职业，让他们明白未来的生活充满了无限可能，激发他们为实现梦想而努力学习的动力，使他们不满足于现状，积极主动地追求更美好的生活，体现了教育对学生发展的引领作用。

### （三）关注生命价值：赋予生命关怀的温度

学生的生活过程是生命价值展现的过程，活动型主题班会课作为一种教育实践，应将关注生命价值作为核心内容。教育不仅仅是知识的传授，更应是对生命意义的探寻和生命价值的提升，让学生在教育中学会珍惜生命、尊重生命、热爱生命，并努力创造生命的价值。

在主题班会课中，可以通过多种主题和活动来关注生命价值。以“生命的韧性：面对挫折与困难”主题班会课为例，通过讲述那些在逆境中顽强生存、克服困难的人物故事，如海伦·凯勒在失明失聪的情况下，凭借坚韧的毅力学习语言、创作作品，成为伟大的作家和教育家；尼克·胡哲天生没有四肢，但他积极乐观地面对生活，通过演讲激励无数人。这些故事让学生深刻理解生命的坚韧和不屈。同时，组织学生分享自己在生活中遇到的挫折以及克服挫折的经历，让他们在相互交流中感受生命的力量。在分享过程中，有的学生可能讲述自己在学习上遇到困难时如何坚持努力，有的学生可能分享在面对人际关系挫折时如何调整心态。这种分享不仅能让学生从他人的经历中获得启发，也能让他们在讲述自己的故事时增强对生命的自信。

再如，“关爱他人：生命的温暖传递”主题班会课，引导学生关注身边需要帮助的人，如贫困地区的儿童、孤寡老人等。可以组织学生参与慈善活动，如为贫困地区儿童捐赠书籍、文具等学习用品，开展志愿者服务，去养老院陪伴孤寡老人，为他们表演节目、打扫卫生等。通过这些活动，让学生在付出中体会生命的价值和意义，感受给予他人帮助所带来的快乐，培养他们的同情心和社会责任感。通过这些主题班会课，将生命教育融入其中，使学生深刻认识到生命的宝贵，从而在自己的生活中努力创造价值，实现生命的升华。

## 三、深度体验的体验性

### （一）体验：架起思想与内心世界的桥梁

活动型主题班会课活动与传统的教师讲授、学生被动接受的教学模式有着本质区别，其核心在于通过学生的体验，使教育思想深入学生的内心世界。只有当学生真正体验到教育内容与自身的紧密联系时，才能引发他们的共鸣，促使他们全身心地投入到教育活动中。

例如，在“感恩教育：心怀感恩，与爱同行”主题班会课中，如果仅仅是教师讲解感恩的概念和意义，学生可能只是表面理解，很难产生深刻的情感触动。但如果通过让学生回忆生活中父母、老师、朋友对自己的关爱瞬间，如在生病时父母的悉心照料、在学习困难时老师的耐心指导、在孤独时朋友的陪伴等，然后制作感恩卡片送给他们，并在班会上分享自己的感恩故事，这种亲身的体验会让学生深刻感受到感恩的力量。在分享过程中，学生们会回忆起那些温暖的画面，内心充满感动，从而在内心深处形成对感恩的认同和积极的态度。这种基于体验的教育方式，使感恩不再是抽象的概念，而是成为学生内心深处真实的情感，进而成为他们行为的内在动力，促使他们在日常生活中更加主动地表达感恩之情。

又如，在“爱国主义教育”主题班会课中，除了讲述历史故事和国家发展外，可以组织学生参观爱国主义教育基地，如革命纪念馆、历史博物馆等。在这些地方，学生可以亲眼看到革命先辈们使用过的简陋武器、发黄的文件、珍贵的历史照片等，感受到他们为国家和民族付出的艰辛努力。在参观过程中，学生仿佛置身于历史的氛围中，能够更直观地了解国家的发展历程和革命先辈们的英勇事迹，从而激发他们的爱国之情。这种身临其境的体验，远比单纯的书本知识更能打动学生的心灵，使爱国主义情怀深深地扎根在他们心中。

## （二）情境：增强体验深度的催化剂

为了促使学生产生深刻的体验，活动型主题班会课必须精心选择与学生实际经验相关的内容，并创设丰富多样的体验情境。通过情境创设，可以将抽象的教育内容具象化，增强学生的情感参与度，使教育效果更加显著。

情境创设的形式多种多样。在道德教育主题班会课中，角色扮演是一种有效的情境创设方式。例如，在“尊重他人：文明交往的基石”主题班会课中，可以设置不同的社交场景，如在公交车上，有的学生扮演乘客，有的学生扮演老人或孕妇，通过模拟在公交车上让座或不让座的场景，让学生体验不同行为对他人的影响；在图书馆里，模拟安静阅读和大声喧哗两种场景，让学生扮演读者，感受不同行为对他人学习环境的破坏。通过这些角色扮演，学生能够深刻理解尊重他人在不同情境下的重要性，以及不尊重他人可能带来的后果。

在安全教育主题班会课中，模拟场景是常用的方法。比如，设置火灾逃生模拟场景，利用烟雾弹、模拟火灾通道等设施，让学生在模拟的烟雾环境中学习正确的逃生方法和技巧。在模拟场景中，学生需要用湿毛巾捂住口鼻、弯腰低姿前行、按照安全出口指示标志疏散等，通过这种亲身体验，增强他们的安全意识和应急能力。

此外，利用多媒体资源创设情境也是一种极具效果的手段。在“艺术之美：走进世界名画”主题班会课中，教师可以通过播放世界名画的高清图片、讲解画家的创作背景和故事，为学生营造艺术氛围。更高级的是利用虚拟现实技术，让学生仿佛置身于画中，感受画中的色彩、线条、构图所传达的情感和意境，提高他们的审美情趣。例如，当学生“走进”梵高的《星空》时，能够感受到画面中强烈的色彩对比和旋转的笔触所表现出的躁动与不安，仿佛能触摸到梵高内心对世界的独特感知，这种体验能极大地激发学生对艺术的热爱。

## （三）转化：彰显教育实践价值的关键

活动型主题班会课活动的体验性不仅在于情感体验，更重要的是要将这种体验内化为实际行动，实现教育的实践价值。只有当学生将在班会课中获得的情感体验转化为日常生活中的行为习惯时，教育才真正发挥了作用。

例如，在“环保意识培养”主题班会课中，通过播放环境污染的视频，如被垃圾污染的河流、被雾霾笼罩的城市等画面，展示环保成功案例，如通过垃圾分类使环境得到改善的社区、通过植树造林恢复生态的地区等，让学生体验到环保的紧迫性和重要性。在班会课结束后，组织学生成立环保小组，开展校园环保行动。比如，开展垃圾分类宣传活动，向同学们介绍垃圾分类的知识和方法，制作垃圾分类宣传海报张贴在校园内；参与校园绿化维护，定期给花草树木浇水、除草；发起节约水电倡议，在教室、宿舍张贴节约水电的标语，提醒同学们随手关灯、关水龙头等。通过这些实践行动，将环保意识转化为具体的行为，让学生在行动中进一步强化环保意识，形成良好的环保习惯。

再如，在“文明礼仪教育”主题班会课之后，开展“文明礼仪之星”评选活动。制定详细的文明礼仪评价标准，如礼貌待人，使用文明用语，如“请”“谢谢”“对不起”等；遵守公共秩序，在食堂排队就餐、在图书馆保持安静等。鼓励学生在日常生活中践行文明礼仪规范，通过同学之间的互相监督和评选，对表现优秀的学生进行表彰。通过长期的实践，使文明礼仪成为学生的自觉行为。这种体验与行动的转化，使主题班会课的教育效果得以巩固和延伸，培养了学生的实践能力和良好的行为品质，让教育真正融入学生的生活中。

## 四、多元开放的多元性

### （一）面向全体与个性：教育公平与多元发展的统一

主题班会课活动的开放性首先体现在面向全体学生，同时尊重每个学生的个性发展。这一特征体现了教育公平的原则，确保每个学生都能在班会课中获得成长和发展的机会，同时也充分考虑到学生个体之间的差异，满足不同学生的需求。

在面向全体学生方面，主题班会课的设计和实施考虑到班级内不同学习水平、性格特点、家庭背景的学生。无论是学习困难的学生还是成绩优异的学生，无论是性格开朗的学生还是内向腼腆的学生，都能在班会课中找到自己的位置和参与的方式。例如，在“团队合作：共筑梦想之塔”主题班会课中，通过设计多样化的团队任务，如搭建积木塔、完成拼图等，每个学生都可以根据自己的能力和特长参与到团队活动中。学习困难的学生可能在体力劳动或简单操作方面发挥优势，而成绩优异的学生可以在组织协调、策略制定方面展现才能；性格开朗的学生可以活跃团队气氛，内向的学生可以在细节把控、耐心完成任务方面做出贡献。

在尊重个性发展方面，主题班会课鼓励学生展现自己的独特之处，根据自己的兴趣和特长参与活动。例如，在“校园文化节筹备”主题班会课中，学生可以根据自己在艺术、文学、组织、宣传等方面的兴趣和能力，选择参与不同的筹备小组，如文艺表演组、征文组、活动策划组、海报设计组等。这种开放性使每个学生都能在班会课中发挥自己的优势，实现个性化发展，同时也促进了班级内的多元融合和相互学习。

### （二）开放主题与资源：拓展视野融合资源的共进

主题班会课活动的开放性还体现在其目标、主题和资源的广泛开放性。

在目标设定上，主题班会课针对班级学生在现实学习生活中的具体问题，目标具有较强的针对性。然而，这种针对性并不意味着局限性，而是与开放性相结合。例如，针对学生在学习方法上的问题，可以开展“高效学习方法分享”主题班会课，目标不仅是让学生了解一些通用的学习方法，还鼓励他们根据自己的学习风格探索适合自己的方法。同时，班会课的目标也可以随着学生的发展和新问题的出现而不断调整和拓展。

在主题选择上，主题班会课的主题来源广泛，涵盖学校生活、社会生活和家庭生活等多个领域。学校生活中的学习氛围营造、师生关系处理、社团活动组织等都可以成为主题；社会生活中的热点话题，如网络安全、环境保护、社会公平正义等也能纳入班会课主题；家庭生活中的亲子沟通、家庭责任分担等同样是重要的主题素材。这种多维度的主题选择使班会课内容丰富多样，紧跟时代步伐，满足学生对不同领域知识和价值观的需求。

在资源挖掘方面，主题班会课的资源是开放且丰富的。除了传统的教材和教师的知识储备外，还包括网络资源、社区资源、家长资源等。网络资源可以为班会课提供大量的信息、图片、视频等资料，如在“网络安全教育”主题班会课中，可以利用网络上的真实案例、专家讲解视频等丰富教学内容。社区资源可以为班会课提供实践场所和实践机会，如在“社区志愿服务：奉献与成长”主题班会课中，组织学生参与社区的义工活动，了解社区需求，增强社会责任感。家长资源也是宝贵的财富，家长可以作为嘉宾参与班会课，分享他们的职业经验、人生故事等。在“职业探索”主题班会课中，邀请从事不同职业的家长介绍自己的工作内容和职业发展路径，为学生提供更直观的职业认知。

## （三）创新形式与方法：激发活力催生动力的协同

主题班会课在形式和活动过程中展现出极大的开放性和灵活性。其形式丰富多彩，灵活多变，师生在活动过程中的学习体验和创造性表现也呈现出开放性。

在形式上，主题班会课可以根据不同的主题和学生的特点选择合适的形式，并且在活动过程中可以根据实际情况进行调整和创新。例如，在“传统文化传承”主题班会课中，可以采用传统的讲座形式介绍传统文化的基本知识，然后通过举办传统文化知识竞赛、传统手工艺制作比赛等形式增加趣味性和参与度。在活动过程中，如果学生对某个传统文化元素表现出特别浓厚的兴趣，如剪纸艺术，教师可以临时增加剪纸作品展示和现场教学环节，让学生更深入地体验传统文化的魅力。

在活动过程中，师生的创造性表现是主题班会课开放性的重要体现。教师可以根据学生的反馈和现场情况及时调整教学策略，激发学生的创造性思维。例如，在“科技创新：点亮未来”主题班会课中，学生在讨论科技发明对生活的影响时，可能提出一些教师未曾预设的新颖观点，如关于未来智能家居与人类情感交互的设想。教师可以引导学生进一步深入探讨这些观点，甚至可以调整后续的活动内容，鼓励学生设计自己的科技创新方案，充分发挥他们的创造性。这种形式与过程的灵活创新，使主题班会课充满活力和吸引力，为学生提供了一个自由发挥和探索的教育空间。

## 五、动态生成的生成性

### （一）学生成长：持续发展的动态画卷

主题班会课具有显著的生成性特征，它是学生成长与发展的重要推动力量。学生在参与主题班会课活动的过程中，通过不断地学习、体验和反思，持续形成良好的行为意识和情感态度价值观，这一过程是一个动态的、不断演进的过程。

以“良好学习习惯养成”主题班会课系列为例，在初次班会课中，学生可能只是初步了解了一些常见的学习习惯，如预习、复习、做笔记等。但随着班会课的深入开展，通过案例分析、小组讨论和实践尝试等活动，学生开始在学习过程中体验到这些习惯带来的好处。他们会在日常学习中更加主动地去运用这些习惯，并在实践中发现新的问题，如如何根据不同学科特点调整预习方法。在后续的班会课中，学生又会针对这些新问题进行交流和反思，进一步改进自己的学习习惯。这种在班会课活动中的持续学习和实践，使学生的学习习惯不断完善，从最初的理论认知逐渐转化为稳定的行为模式。

在情感态度价值观的培养方面，同样体现出这种生成性。例如，在“友善待人：构建和谐人际关系”主题班会课中，学生最初可能只是知道友善待人是一种美德，但在班会课中通过分享友善行为的故事、模拟友善与不友善的交往场景等活动，他们开始在内心深处感受到友善的力量。在日常生活中，当他们尝试用友善的态度对待同学、老师和家人时，会得到积极的反馈，如同学之间的友谊加深、家庭氛围更加和谐等。这些体验会进一步强化他们对友善价值观的认同，促使他们更加自觉地践行友善行为，并在面对不同人际关系问题时，不断反思和调整自己的态度，使友善待人成为他们稳定的情感态度和价值取向。

## （二）精神成长：心灵成长的精彩旅程

主题班会课参与过程是学生自我意识和能力觉醒的过程，也是他们在变化和发展中构建整个精神世界的过程。通过参与不同主题的班会课，学生接触多元的思想、文化和价值观，这些元素在他们的内心相互碰撞、融合，促使他们不断思考和探索，逐渐形成自己独特的世界观、人生观和价值观。

在“文化多样性：世界因你而精彩”主题班会课中，学生们开始接触到世界各地不同的文化习俗、艺术形式、宗教信仰等内容。他们了解到非洲原始部落独特的舞蹈和面具文化背后是对自然和祖先的敬畏；欧洲文艺复兴时期的艺术作品展现出人性的光辉和对知识的追求；亚洲古老文明中儒家的仁爱思想、道家的无为而治以及佛教的慈悲为怀，都以不同的方式影响着人们的生活和价值观。这些多元文化元素在学生的脑海中相互交织。

有的学生可能原本对自己所处文化环境之外的世界知之甚少，但在班会课上，当他们看到巴西狂欢节的热情奔放、日本茶道的宁静优雅、美国西部牛仔文化的自由不羁时，内心受到极大冲击。他们开始思考文化差异所带来的不同生活方式和价值观念，这种思考是对自身固有思维的突破。不同文化的碰撞让学生意识到世界的广阔和人类思想的丰富性，进而在内心深处形成对多元文化的尊重和包容。

随着参与更多类似主题班会课，如“文学经典中的人性光辉”“哲学思想对现代生活的启示”等，学生接触到的思想更加深邃和复杂。在“文学经典中的人性光辉”班会课上，从《哈姆雷特》对人性善恶的挣扎、《平凡的世界》里普通人在苦难中追求幸福的坚韧，到《老人与海》中老人与命运抗争的不屈精神，学生们看到了人性在不同情境下的展现。这些作品中的价值观与他们之前在“友善待人”等班会课中形成的价值观念相互呼应，同时又进一步拓展了他们对人性的理解。

在“哲学思想对现代生活的启示”主题班会课中，无论是儒家积极入世的思想引导学生关注社会，承担责任，还是道家顺应自然的观念让学生在面对压力时学会调整心态，抑或是西方哲学对真理的追求促使学生在学习中保持好奇心和批判性思维，各种哲学思想在学生心中激起千层浪。他们不再满足于表面的理解，而是尝试将这些思想融入自己的生活，去审视自己的行为、目标和追求。

在这个过程中，学生的精神世界逐渐丰富起来。他们开始构建自己对世界的理解，形成独特的人生观。有的学生可能从文化多样性中领悟到人生应该像一场多元的旅行，不断体验和接纳新事物；有的学生在文学和哲学的滋养下，认为人生的价值在于对真理和美好的追求，就像那些经典作品中的人物一样，即便面对困难也要坚守自己的信念。这种精神世界的构建不是一蹴而就的，而是在一次次班会课的启发下，通过不断的思考、实践和调整而逐步完成的，成为他们心灵成长道路上最宝贵的财富，为他们未来在复杂多变的社会环境中找准自己的方向奠定坚实的思想基础。

同时，在构建精神世界的过程中，学生之间的交流和分享也起到了重要作用。在班会课的讨论环节，他们会听到不同的观点和见解，这些来自同龄人的声音可能会进一步引发新的思考。比如，在讨论文化多样性时，有的学生提出不同文化之间的融合可能会创造出全新的文化形态，这一观点会激发其他学生去研究那些已经存在的文化融合案例，如现代时尚中融入传统民族元素等，从而拓宽了整个班级学生的视野，促进了他们精神世界的成长。

# 第四章

# 主题班会课的内容指向

从活动育人的视角来看，主题班会课目标与活动内容在本质上具有一致性，它们都围绕着培养学生良好品德和素养这一教育核心，是对学生发展的一种教育期望，然而，二者在层次上有所区别。主题班会课目标处于更上位的指导地位，它决定了活动内容的方向，具有较强的概括性；而活动内容则是目标的具体化呈现，二者是抽象与具体的关系。同时，活动内容相较于活动的具体环节要求而言，又具有一定的概括性，它为具体环节的设计提供了框架。

## 一、回归实际生活的内容选择

顺应课程改革，回归生活实际。在新一轮基础教育课程改革的推动下，学校德育课程内容产生了显著变化。其中，强化基本道德教育以及德育内容的生活化是重要趋势，这要求我们更加重视对学生品德发展规律的把握和尊重。

以往的德育课程内容往往侧重于知识的说教和抽象推导，与学生的生活实际脱节，显得空洞且形式化，学生难以将其与实际生活联系起来，无法从中获取解决问题的能力。如今，德育课程内容以社会生活为教育起点，将学生置于家庭、学校、社区、国家乃至世界等不同场景中，引导他们认识、体验和感悟其中的各种问题、困惑、挑战和冲突。在主题班会课内容的选择上，应尊重学生的兴趣爱好，让学生在丰富多样的环境因素、社会关系和社会生活的交互作用中，形成和发展良好的道德品质，增强道德实践能力。例如，可以开展以“校园生活中的互助与友爱”为主题的班会，让学生分享在校园中帮助他人或接受帮助的经历，通过真实案例引导学生理解互助友爱的价值。

从“静态”向“动态”转变，贴合学生发展。过去德育课程内容多局限于自身学科体系，各部分或各年级之间缺乏有机联系和阶段性规划，难以满足学生成长和学习规律的需求。而当前的课程内容呈现动态综合性的特点，它随着学生生活范围的拓展而不断丰富，内容前后连贯且呈螺旋上升式发展，更好地适应了学生学习、成长和发展的动态变化。

因此，在主题班会课内容选择时，要充分考虑学生的发展状况，紧密结合学生的生活实际。比如，针对不同年级学生的认知水平和生活经验，设计不同层次的社会责任主题班会。对于初一学生，可以从班级责任入手，开展“我是班级小主人”班会，培养他们对班级的责任感；对于初二学生，可将范围扩大到社区责任，如“社区环保我参与”班会；初三学生则可以探讨更广泛的社会问题，如“我们能为社会公平做什么”，引导他们关注社会发展，提升社会责任感。

情理交融，激发学生内在动力。过去的德育内容过于强调理性认知，忽视了情感体验，错误地认为明理后情感自然会产生。随着德育课程目标中情感态度和价值观目标的确立，我们认识到在德育过程中不仅要让学生明白道理，更要触动他们的情感。要充分挖掘德育内容的情感内涵，重视学生在活动中的情感体验，激发学生的学习热情和主动性，使他们在情理交融中实现德育内容的内化。例如，在“感恩父母”主题班会中，可以先播放一些感人的亲子故事视频，引发学生的情感共鸣，然后引导他们分享自己与父母之间的难忘瞬间，最后让学生思考如何用行动表达对父母的感恩之情，使情感与理性思考相互促进。

## 二、指向育人目标的主题提炼

依据全面育人目标构建德育内容体系。学校应确立全面育人的目标，将教会学生做人作为德育的终极目标。可以构建涵盖爱国主义教育、立志成才教育、基础道德教育和心理素质教育等多个方面的德育内容体系。

### （一）筑牢根基的学校德育追求

在学校的育人工作中，爱国主义教育是基石，为学生的思想发展筑牢根基。我们通过历史文化课程、主题讲座、参观博物馆等多种途径，全方位向学生展现国家悠久的历史和灿烂的文化，让他们深入领略中华民族一路走来的艰辛与辉煌，从而激发民族自豪感。与此同时，积极开展社会主义和集体主义教育活动，组织集体实践，如班级拔河比赛、校园文化节的集体项目等，让学生在活动中切实体会个人与集体、国家的紧密联系。此外，通过模拟民主议事场景、法律知识竞赛等形式加强社会主义民主和法制教育，帮助学生树立正确的国家观和民族观，使爱国主义情怀深深扎根于他们心中。

在此基础上，立志成才教育成为助力学生成长的关键环节，如同为他们的梦想插上翅膀。理想教育课程引导学生树立远大理想，教师们通过讲述古今中外仁人志士的故事，启发学生思考自己的人生目标。劳动课程和校园劳动实践则让学生在亲身参与中懂得劳动的价值，无论是打扫校园卫生还是参与校园绿化，都能让他们体会到劳动的意义。学校还积极组织社会实践活动，像社区服务、参观企业等，让学生了解社会的多元性，培养他们艰苦奋斗的精神。同时，鼓励学生参与各类竞赛和项目，如科技发明比赛、学科竞赛等，锻炼他们的实践能力，培养坚韧不拔的品质，激励他们为实现自己的理想而努力拼搏，将个人理想与国家发展相结合。

如同细密的针线，将良好的品德编织进学生的行为之中。在日常教学中，我们将中华民族优良道德传统文化融入课程，如在语文教学中讲解经典文学作品所蕴含的道德观念。通过开展公德宣传活动，如“文明校园从我做起”倡议，倡导学生遵守社会公德。针对不同专业设置职业道德课程，让学生明白未来职业所需的道德素养。开展环境道德实践，例如，校园环保行动、垃圾分类宣传等，增强学生的环保意识。严格落实《中学生日常行为规范》，通过日常检查和班级评比，促使学生养成良好的行为习惯。同时，进行现代交往礼仪培训和模拟演练，包括课堂礼仪、社交场合的礼仪等，引导学生在各种情境下都能展现出良好的道德风貌，为他们成为有道德、有素养的公民奠定坚实基础。

心理素质教育如同温暖的阳光，时刻关注学生的心灵成长，确保他们在成长道路上保持健康积极的心态。通过主题班会、心理辅导等途径，开展自尊自爱、自立自强教育，教师们会分享励志故事，引导学生正确认识自己。组织趣味活动，如心理健康拓展训练、艺术创作比赛等，培养学生健康的生活情趣和健全人格。针对青春期学生的心理特点，开设专门课程，详细讲解青春期的身心变化，指导友谊、恋爱、家庭观念相关行为，避免学生在情感问题上产生困惑。同时，加强意志品质和挫折承受能力训练，比如，组织野外生存挑战、模拟困难情境解决问题等活动，让学生在面对困难时能够坚强应对，保障学生在品德、心理等各方面的全面发展，使他们成为有理想、有道德、有健康心态的时代新人。

## （二）与时俱进的德育主题选取

主题要“新”，一方面要结合时代发展的新形势和新背景，关注国际国内局势、社会热点问题以及学生感兴趣的时尚话题等，以新的视角确定主题。例如，在网络时代，可以开展“网络文明与我们的责任”主题班会，引导学生正确使用网络。另一方面，要根据班级学生出现的新问题和新变化确定主题，这需要班主任深入了解班级情况，掌握学生动态。

主题还要“实”，包括“平实”“真实”“丰实”。“平实”是以班级学生实际存在或共同关注的问题为背景，结合学生思想实际，从小事入手，让学生在平凡中受到深刻教育。“真实”是在创新主题时，让看似高远的主题贴近学生生活，使学生感受到主题的现实意义，从而积极参与。“丰实”则是在传承传统教育主题的同时，赋予其新内涵，让学生在内容丰富、具有前瞻性的活动中获得教育。

不同阶段的学生具有不同的心理特点和发展需求，主题班会课的主题应体现阶段性。对于初一学生，他们刚进入初中，正处于心理和知识能力的转折适应期，对新环境充满好奇与忐忑。此时，主题班会应以“适应与引导”为重点，如“初中生活新起点，快乐起航”“良好习惯，从现在开始”等主题，帮助学生尽快适应初中生活，培养良好习惯。初二学生思想逐渐成熟，开始关注自我发展，但可能会面临自信、人际关系等问题。主题可以围绕“自我成长与人际关系”展开，如“发现独特的我”“友谊的真谛”等，引导学生正确认识自己，处理好人际关系。初三学生面临中考压力，主题班会应侧重于“应对挑战与人生规划”，如“中考，我们全力以赴”“未来在我手中——初三的人生规划”等，帮助学生调整心态，明确目标，积极应对挑战（详见表4–1）。

## （三）基于矩阵分布的主题组织

### 1.紧扣主题，贴合学生生活的定位维度

主题班会课内容设计首先要准确定位，紧密围绕主题的内涵与外延，并

表4-1 初中系列主题班会课表格

| 初中系列主题班会课 | | | |
|---|---|---|---|
| 月份 | 初一年级 | 初二年级 | 初三年级 |
| 1月 | 学习与思维培养：<br>①“学习秘籍大公开”——学习方法与习惯养成；<br>②“创意无限，科技点亮未来——科技创新与实践能力；<br>③“书香校园”——阅读习惯与文学素养；<br>④“学期回顾，展望未来”——学期总结与反思 | 学习提升与思维拓展：<br>①“学习秘籍2.0：高效学习”——进阶学习方法；<br>②“思维之翼：创新无边界”——深度思维拓展 | 学习突破与思维深化：<br>①“学习突破：瓶颈突围”——解决学习难点；<br>②“思维深化：难题破解”——提升综合解题能力 |
| 2月 | 新学期展望：<br>①“新学期，新起点，新征程”——明确目标；<br>②“新学期，新风貌”——调整状态 | 新学期新挑战：<br>①“初二下半场：迎接新挑战”；<br>②“全新出发：塑造新自我——自我提升计划 | 新学期拼搏与中考倒计时：<br>①“新学期：拼搏正当时——激发拼搏精神；<br>②“中考倒计时：分秒必争”——强化时间紧迫感 |
| 3月 | 文明礼仪与品德修养：<br>①“文明之花，绽放校园”——校园文明礼仪；<br>②“品德之光，照亮心灵”——品德培养活动 | 礼仪素养与品德深化：<br>①“礼仪之范：展现成熟风采”——高级文明礼仪；<br>②“品德力量：内化于心”——深入品德教育 | 礼仪修养与品德升华：<br>①“礼仪之美：展现风采”——在紧张备考中保持文明；<br>②“品德高尚：心灵力量”——培养高尚品德助力中考 |
| 4月 | 青春梦想与励志：<br>①“梦想起航，青春飞扬”——树立梦想；<br>②“励志前行，不负韶华”——励志故事 | 梦想实践与青春奋进：<br>①“梦想征途：迈出坚实步伐”——实践梦想行动；<br>②“青春奋进：永不止步”——持续励志前行 | 梦想坚持与青春无悔：<br>①“梦想坚守：永不放弃”——坚定中考信念；<br>②“青春无悔：全力一搏”——鼓励为中考全力以赴 |

续表

| 初中系列主题班会课 | | | |
|---|---|---|---|
| 月份 | 初一年级 | 初二年级 | 初三年级 |
| 5月 | 劳动教育与实践：<br>①“劳动创造美好”——劳动价值认知；<br>②“我是劳动小能手”——劳动技能实践 | 劳动价值与实践拓展：<br>①“劳动智慧：创造更大价值”——深化理解劳动价值；<br>②“劳动拓展：多元实践体验”——丰富劳动实践 | 劳动意义与实践融合：<br>①“劳动启示：磨砺意志”——从劳动中汲取力量；<br>②“实践融合：全面发展”——将劳动与学习、生活结合 |
| 6月 | 复习策略与考试心态：<br>①“高效复习有妙招”——复习方法指导；<br>②“从容应考，心向阳光”——考试心态调整 | 复习巩固与应考策略：<br>①“复习强化：知识大巩固”——系统复习；<br>②“应考秘籍：战胜考试”——综合应考策略 | 复习决胜与应考技巧：<br>①“复习决胜：知识升华”——总复习指导；<br>②“应考技巧：考场致胜”——中考应试技巧训练 |
| 7月 | 假期规划与安全教育：<br>①“快乐暑假，安全第一”——假期安全提示；<br>②“充实假期，规划先行”——暑假活动规划 | 假期成长与安全防范：<br>①精彩假期：成长不停歇——假期成长规划；<br>②“安全假期：警钟长鸣”——假期安全知识 | 毕业展望与人生规划：<br>①“毕业不是终点”——回顾初中展望未来；<br>②“人生新篇：规划启程”——初步规划高中及人生方向 |
| 9月 | 入学适应与成长规划：<br>①“初中，你好呀！”——适应新环境，结交新朋友；<br>②“发现不一样的我”——自我认知与成长规划 | 成长与目标深化：<br>①“初二新篇：成长加速度”——适应初二变化；<br>②“目标升级：向着更高进发”——调整学习目标 | 初三起航与目标冲刺：<br>①“初三，梦想起航的关键”——适应初三节奏；<br>②“目标冲刺：决胜中考”——制订中考目标计划 |
| 10月 | 班级凝聚力：<br>①“我们是一家人”——增强班级归属感；<br>②“合作的力量”——团队协作活动；<br>③“班级荣誉我守护”——培养集体荣誉感 | 团队协作与沟通：<br>①“团结一心：我们更强大”——复杂团队任务；<br>②“沟通无阻：心灵的桥梁”——沟通技巧训练 | 团队协作与竞争意识：<br>①“团队合力：冲刺中考”——小组互助备考；<br>②“竞争激发：超越自我”——培养竞争意识 |

续表

| 初中系列主题班会课 | | | |
|---|---|---|---|
| 月份 | 初一年级 | 初二年级 | 初三年级 |
| 11月 | 体育与艺术：<br>①“运动场上展风采之热血赛事”——体育节主题活动；<br>②“艺术之美，点亮校园之多彩绘画”——艺术节主题活动 | 体育竞技与艺术鉴赏：<br>①“体育风云：挑战极限”——高难度体育赛事；<br>②“艺术殿堂：品味经典之美”——艺术鉴赏实践 | 体育中考与艺术素养提升：<br>①“体育中考：全力突破”——针对体育中考训练；<br>②“艺术之韵：滋养心灵”——提升艺术素养缓解压力 |
| 12月 | 身心健康与生活：<br>①“阳光心态，快乐成长”——心理健康与情绪管理；<br>②“安全第一，守护成长”——安全教育与自我保护；<br>③“绿色生活，从我做起”——环保教育与可持续发展；<br>④“运动让我更健康” | 心理调适与健康生活：<br>①“心灵护盾：应对压力”——心理压力应对；<br>②“健康生活：习惯养成记”——强化健康习惯 | 心理抗压与健康备考：<br>①“心理抗压：坚韧迎考”——增强心理韧性；<br>②“健康备考：精力充沛”——保持良好身体状态 |

充分结合学生的生活实际。例如，在以“友谊的真谛”为主题的班会中，内容设计应环环相扣。从“友谊的模样”入手，利用学生日常相处的照片或视频，将抽象的友谊概念具象化，引发学生对友谊的初步思考和分享。接着是“友谊的考验”环节，选取因误解、竞争等影响友谊的典型案例，让学生置身于真实情境中进行讨论，从而深入思考在复杂情况下维护友谊的方法。最后通过“真正的朋友”部分，分享如马克思和恩格斯这样伟大友谊的故事，使学生深刻理解真正的友谊是建立在相互支持、理解和包容之上的。这种从现象到问题再到本质的设计，让主题更深入学生内心。

**2.深入挖掘，构建合理结构的内涵维度**

在准确定位基础上，教师要深度挖掘主题内涵，精心设计内容结构。以“传承中华文化，我们的责任”主题班会为例，先展示“文化之美”，全面呈现中华传统文化的丰富多样性，无论是京剧、剪纸等传统艺术，还是春节、端午节等传统节日，抑或是诗词、名著等古代文学作品，都能让学生直观感受中华文化的魅力。然后探讨“文化传承的意义”，从民族认同、价值观塑造等关键角度剖析传承中华文化的重要性，使学生从情感欣赏上升到理性认知。最后在“我们在行动”环节，引导学生将传承责任落实到具体行动，如学习传统文化知识、积极参与文化活动、向身边人宣传等，形成一个完整的逻辑闭环，让学生深刻理解传承中华文化不仅是欣赏，更是行动。

**3.层次分明，突出核心重点的规划维度**

设计内容需明确各部分界限，突出重点。如“探索职业世界，规划未来之路”主题班会，在“职业世界大揭秘”中，先介绍社会主要职业类型，包括新兴的电竞选手、网络主播和传统的医生、教师等职业，展现职业多样性，再通过职业体验活动或采访视频展示不同职业的工作内容和环境，拓宽学生视野。“自我探索与职业匹配”环节，引导学生进行自我评估，涵盖兴趣爱好、优势能力、性格特点等，再讲解如何根据自身特点选择合适职业。“规划未来职业之路”则重点阐述职业规划步骤，如设定长短期目标和制定计划，并分享成功案例，鼓励学生制定和完善自己的职业规划。通过这样的设计，主题班会课能更好地引导学生，实现活动育人，促进全面发展，同时充分考虑学生的参与度和体验感，让班会课富有教育意义。

# 第五章

# 主题班会课的师生关系

在初中教育阶段，主题班会课是培养学生思想道德品质、促进其全面发展的重要阵地。一场成功的主题班会课活动，就像一场精心编排的戏剧，需要满足诸多条件才能顺利上演并达到预期效果。这些条件涵盖了活动的参与者以及活动方案的编写等关键要素，他们相互交织，相互影响，共同决定了主题班会课能否在初中学生的成长过程中发挥积极且深远的作用。

## 一、师生关系：民主、平等、合作的基石

在初中主题班会课活动中，构建民主、平等、合作的师生关系是成功的关键。这种关系如同桥梁，连接着教师的引导和学生的成长，体现了班主任与学生在班会课中作为生命共同体、学习共同体和发展共同体的重要地位。

### （一）教师的引导性：教育内涵的传递与活动的调控

教师在班会课中扮演着不可或缺的引导角色。对于初中学生而言，他们正处于价值观和道德观逐渐形成的时期，教师的引导尤为重要。班会课作为德育活动课，其教育性和整体性要求教师的影响贯穿整个活动过程和每个环节。

教师对问题的深刻理解和阐释，能让学生清晰地把握教育内涵。例如，在关于诚信教育的主题班会中，教师通过讲述“曾子杀猪”的故事，深入浅出地剖析其中诚信的价值和意义。初中学生对故事往往有着浓厚的兴趣，这个故事能让他们深刻感悟诚信在人际交往和社会生活中的重要性，而不仅仅是抽象的概念。

教师真挚的感悟能够感染学生，引发情感共鸣。在讲述革命先辈为国家和民族无私奉献的故事时，教师充满激情地描述先辈们的英勇事迹，自己对先辈精神的崇敬之情会通过言语、表情等传递给学生。初中生正处于情感丰富且易受感染的阶段，他们会在这种氛围中深受触动。同时，教师对活动的有效调控能促进学生智慧的生成。在讨论环节，教师引导学生从不同角度思考问题，避免讨论偏离主题。比如，在讨论诚信在网络环境中的体现时，教师引导学生思考网络购物的诚信行为、网络言论的真实性等问题，让学生在

有序的思考和交流中获得新的认知，拓展思维深度。

### （二）学生的主体性：自主学习与充分体验

初中学生是主题班会课活动的主体，他们充满好奇心和探索欲。活动的设计和开展应围绕学生展开，从他们的视角出发，针对他们面临的问题呈现内容和主题，并遵循其学习和发展规律来构建活动过程。例如，在以时间管理为主题的班会课中，教师可以从初中生普遍面临的作业多、课余时间少的问题入手。通过让学生分享自己在学习和生活中遇到的时间分配难题，如做作业时容易被手机等干扰，或者参加社团活动和学习时间冲突等，以此为切入点开展讨论和活动，能更好地激发学生的兴趣。

在活动中，学生应充分展示才能，通过自主学习获得体验和感悟。如在科技探索主题班会课中，学生自主查阅资料、制作简单的科技小作品，如制作简易的太阳能风扇等。在这个过程中，他们充分发挥自己的主观能动性，从实践中体会科技的魅力和创新的乐趣，实现自身成长。教师需要在尊重学生主体地位的同时，根据班级学生的发展状况把握活动方向，引导价值导向，但绝不能替代学生参与。在这样的活动中，师生平等沟通，自由表达，相互合作又保持个人思考，共同为活动注入精彩，实现良好的教育效果。

## 二、教师角色：多角色的关键推动者

### （一）策划者：从背景到方案的精心构思

教师作为主题班会课活动的策划者，需要足智多谋，要善于从初中学生的生活实际出发，在班级、学校和社会背景中敏锐地发现问题。例如，观察到初中学生在校园中存在的浪费粮食现象，以及部分学生对粮食生产过程缺乏了解，以此为出发点筛选内容，确立“珍惜粮食，从我做起”的主题。在活动设计阶段，深入分析问题产生的原因和影响，巧妙构思活动环节和流程，精心谋划活动方案。如设计包括粮食生产知识讲解（通过图片、视频展示从播种到收获的艰辛过程）、校园浪费现象调查展示（学生分组拍摄校园食堂的浪费场景）、节约粮食倡议行动（制定班级节约粮食公约并签名）等环节的班会课方案。

## （二）引导者：活动的精心组织与有效调控

在活动进行过程中，教师是充满智慧的引导者。在导入环节，要通过自然、有趣且多样的形式引起学生的兴趣，明确活动内容。比如，在以“文化传承”为主题的班会课中，可以通过播放一段精彩的传统文化表演视频，如舞龙舞狮表演，然后提出问题：“同学们，这些精彩的表演背后有着深厚的文化内涵，你们知道它们是怎么来的吗？我们应该如何传承这些传统文化？”引发学生思考，顺利导入主题。这种方式能迅速吸引初中学生的注意力，他们对视觉冲击强烈的表演往往印象深刻，进而激发他们的学习兴趣，为后续活动的开展营造良好的氛围。

在讨论环节，教师以平等的态度参与学生讨论，引导讨论方向。在关于“网络对青少年的影响”主题班会讨论中，教师引导学生从积极（如获取知识、拓展视野）和消极（如沉迷游戏、受到不良信息影响）两个方面进行分析。对于初中生来说，网络是他们生活中重要的一部分，这种讨论能让他们更全面地认识网络，避免片面地看待问题，同时，教师在活动中要根据情况进行有效调控，确保活动顺利进行。如果讨论过于激烈或者偏离主题，教师要及时引导回到正轨；如果出现冷场情况，教师可以通过分享一些有趣的网络相关案例或提出新的引导性问题来激发学生的积极性。

## （三）体验者：与学生双向奔赴的情感共鸣

教师还是真真实实的体验者，与学生在活动中双向奔赴，平等交流。在感恩主题班会课上，当学生分享自己与父母之间感人的亲情故事时，教师也可以分享自己的经历，如小时候父母为自己精心准备生日的场景，与学生一起感受亲情的温暖。初中学生正处于情感逐渐细腻且渴望情感交流的阶段，这种情感共鸣能够拉近师生距离，让学生更愿意接受教师的引导和教育。

在以“团队合作”为主题的班会课中，教师可以组织一个简单的团队协作小游戏，如“接力拼图比赛”，将学生分成若干小组，每个小组的成员需要依次完成拼图的一部分，看哪个小组最先完成。初中学生通常对竞赛类游戏充满热情，在游戏过程中，他们能深刻体会团队合作的重要性，如沟通协作、合理分工等，然后引出主题。这样的导入方式能够迅速吸引学生的注意力，激发他们的学习兴趣，为后续活动的开展营造良好的氛围。

在班会课的讨论环节，教师要以平等的态度与学生交流。在以“理想职业”为主题的班会课讨论中，教师可以和学生一起分享自己的理想职业历程，比如，教师可以讲述自己小时候梦想成为一名科学家，后来因为对教育的热爱而成为一名教师的故事。同时倾听学生的想法，引导他们思考理想职业与自身兴趣、能力的关系。对于初中生来说，他们开始对未来职业有一些朦胧的想法，通过这种师生对话和学生之间的对话，帮助他们拓宽思维，树立正确的职业观。

## 三、学生角色：活动主体与发展核心

### （一）充分尊重：思想与行为的双重认可

在班会课活动中，要充分尊重学生。这种尊重体现在对学生思想和行为的认可上。在班会课的策划设计阶段，班主任应充分听取学生的意见和建议，例如，在设计关于校园环境建设的主题班会时，学生可能提出关注校园垃圾分类、绿化维护等问题，这些意见反映了他们的关注点和需求。初中生对校园环境有着直接的感受，他们希望校园干净整洁、美丽舒适，将学生的这些想法纳入班会内容能使教育更有针对性，让他们感受到自己的想法被重视。

在活动进行过程中，即使学生的认识和思考存在差异，教师也不能随意指责，而应适时引导。在关于“校园规则”的讨论中，有些学生可能对某些规则有不同看法，如对校服穿着的规定有异议，教师要理解这种异议，引导学生从更全面的角度看待规则的意义和作用，如校服代表着学校的整体形象，有助于培养集体荣誉感等，避免伤害学生的自尊，确保主题班会活动的教育效果和成果的巩固。

## （二）合作学习：全面发展的重要途径

合作学习在初中主题班会课活动中具有重要意义，它能够突出学生的主体地位，促使学生主动参与活动。在以“环保行动”为主题的班会课小组活动中，小组成员共同承担调查校园周边环境问题、制定环保行动计划等任务。初中生在小组中可以发挥各自的优势，有的学生善于观察可以负责调查环境问题，有的学生组织能力强可以领导制定计划。每个学生都积极参与，挖掘自身潜力，为实现共同目标努力。

合作学习还有利于促进学生的人际交往。在小组合作过程中，学生学会尊重他人的想法、感受和行为，建立自尊和自信，积极与他人沟通协作。例如，在“文化交流”主题班会的小组活动中，不同文化背景（如有的学生来自城市，有的学生来自农村，他们有着不同的地域文化）的学生相互分享，交流家乡的风俗习惯、传统节日等，增进彼此的理解和尊重，搭建起良好的人际交往平台。这对于正处于青春期、渴望社交和认同的初中学生来说非常重要。

此外，合作学习能够保证全体学生的发展。主题班会课面向全体学生，合作学习可以让每个学生都有机会参与，发挥自己的优势，实现共同进步。在“班级文化建设”主题班会中，通过小组合作设计班级口号、班徽等活动，每个学生都能贡献自己的智慧，共同塑造积极向上的班级文化。对于初中学生来说，他们对班级有很强的归属感，这种参与能增强他们在班级中的价值感。

# 第六章

# 主题班会课的情景设计

在教育教学过程中，主题班会课扮演着至关重要的角色，它是培养学生道德品质、价值观念、情感态度以及促进学生全面发展的重要平台。而体验式的主题班会课更是以其独特的优势受到广泛关注，因为只有通过体验，才能真正激发学生的道德情感，让他们获得道德认同，并将道德内容付诸实践。在体验式主题班会课中，情景的设置是关键环节，它为学生的体验提供了必要的情境和背景，犹如舞台对于演员的重要性一般。合理有效的情景设置能够使主题班会课更加生动、富有感染力，让学生全身心地投入其中，达到良好的教育效果。

## 一、情景设置的教育价值

### （一）调动学生多维度参与

主题班会课的成功与否在很大程度上取决于学生的参与程度。这种参与不仅仅是身体上的行动参与，更包括思维参与和情感参与。为了充分调动学生的这些多维度参与，就必须创设真实、引发思考且感人的情景。

例如，在以爱国主义为主题的班会课中，如果只是单纯地讲解爱国主义的理论知识，学生可能会感到枯燥乏味，参与度低下。但如果创设一个有关革命先烈在残酷战争环境中为了国家和民族英勇献身的情景，如通过播放影视片段展现战士们在枪林弹雨中冲锋陷阵的画面，同时配合旁白介绍他们背后的感人故事，就能让学生仿佛身临其境。在这种情景下，学生的行动参与表现为他们专注地观看视频，思维参与则体现在他们会思考战士们为什么要这样做，以及这种行为对国家和民族的意义，情感参与更是自然而然地被激发出来，他们会为先烈们的牺牲而感动，为国家的命运而揪心，从而从多个维度参与到主题班会课的活动中。

### （二）促进学生素质的提高

真实、发人深省且感人的情景能够成为学生获取经验和信息的重要载体。当学生置身于这样的情景中时，他们能够获得第一手的情感体验和认知信息。

以科技创新主题班会课为例，教师可以创设一个科技发明展示的情景，现场展示一些学生自己制作的简易科技发明，或者播放一些著名科技发明诞生过程的视频。在这个情景中，学生可以近距离观察发明的构造和功能，了解发明背后的思路和努力。这种亲身体验和信息获取能够激发学生对科技创新的兴趣，培养他们的观察力、思考力和动手能力，进而促进学生科学素养的提高。同时，在这样的情景中，学生还能感受到科技对人类社会发展的巨大推动作用，从而培养他们的社会责任感和积极向上的人生态度，从更广泛的层面促进学生综合素质的提升。

### （三）实现学生知、情、意、行的和谐发展

在精心设置的情景中，学生能够形成强烈的主观感受。这种主观感受是连接知识、情感、意志和行为的桥梁。比如，在诚信主题班会课中，教师可以创设一个模拟商业交易的情景，一部分学生扮演商家，一部分学生扮演消费者。在交易过程中，设置一些关于诚信问题的情境，如商家是否以次充好、消费者是否故意拖欠货款等。学生在这个情景中，首先会了解到诚信在商业活动中的具体含义（知），然后会因为对方的不诚信行为而产生愤怒、失望等情感（情），进而思考如何在这种情况下坚持诚信原则（意），最后在实际行动中做出诚信的选择（行）。通过这样的情景体验，学生能够在“知”“情”“意”“行”四个方面实现和谐发展，将诚信这一道德观念内化为自身的品质，并在日常生活中践行。

### （四）促使学生形成正确的价值观

主题班会课活动情景对于学生价值观的形成有着潜移默化的影响。在合适的情景中，学生能够感受到积极向上的力量，从而生成和巩固良好的德性。以团队合作主题班会课为例，教师可以组织学生进行小组拔河比赛的情景。在比赛过程中，每个小组的成员需要齐心协力，共同发力。学生在这个情景中，能够体验到团队成员之间相互信任、相互支持的重要性。当小组获胜时，他们会感受到集体荣誉带来的喜悦；当小组失败时，他们会反思问

题，明白团队合作中沟通和协调的关键。这种情景体验能够让学生形成重视团队合作、积极向上的价值观，认识到在集体活动中个人的努力和集体的凝聚力是相辅相成的，从而引导他们在今后的学习和生活中积极参与团队活动，以正确的价值观对待集体和个人的关系。

## 二、情景设置的教育策略

### （一）依据内容选择恰当事例

#### 1.贴合具体内容

每个主题班会课活动环节都有其特定的教育内容，在设置情景时，所选择的事例必须与这些内容紧密贴合。例如，在以安全教育为主题的班会课中，如果教育内容是交通安全，那么选择的事例就应该围绕交通事故案例、交通规则的遵守情况等方面。如果是消防安全教育，事例则可以是火灾事故的发生原因、逃生技巧的实际应用案例等。这样才能确保情景与教育内容的一致性，使学生在情景中能够直接获取与主题相关的信息，避免信息的混淆和教育目标的偏离。

#### 2.避免重复单一

在选择事例时，还要考虑情景设计的有效性，不能在同一角度和同一层次重复反映具体内容。比如，在环保主题班会课中，如果只是一味地列举不同地区的垃圾污染问题，虽然都与环保相关，但这种单一维度的事例重复会让学生产生审美疲劳，降低他们的参与热情。教师可以从不同角度选择事例，如除了垃圾污染问题，还可以包括水资源污染、大气污染、生态破坏等方面的案例，并且可以从不同地区、不同行业的视角进行呈现，这样能够让学生从更全面、更立体的角度理解环保主题，提高情景设置的丰富性和有效性。

### （二）贴近生活选择典型案例

#### 1.贴近真实生活

事例的选择要贴近学生的生活，让他们有熟悉感和亲近感。采用小切口的方式，将大主题细化为学生身边的小事，这样才能让学生可感可触，获得真切的体验。例如，在文明礼仪主题班会课中，与其讲述古代文明礼仪的大道理，不如选择校园中常见的文明礼仪现象，如同学之间的礼貌问候、食堂就餐的文明行为、教室里的卫生保持等。这些事例都是学生每天都能看到和接触到的，他们能够在熟悉的情境中更好地理解文明礼仪的内涵和重要性，并且能够将这些文明礼仪知识直接应用到自己的日常生活中。

#### 2.精选典型案例

事例要具有典型性，生动感人，能够拨动学生的心弦，产生震撼力。太过于平常或距离学生生活太远的事例往往无法引起他们的共鸣。在民族精神主题班会课中，讲述一些历史上伟大民族英雄的事迹是很有必要的，但如果选择的是一些学生不太熟悉或者与现代生活脱节的英雄故事，效果可能会大打折扣。而如果选择像狼牙山五壮士这样广为人知且极具震撼力的故事，并且通过生动的讲述方式，如播放相关电影片段、展示历史图片等，让学生仿佛置身于那个战火纷飞的年代，感受到英雄们的无畏精神，就能够深深打动学生，激发他们的民族自豪感和爱国情怀。

### （三）针对问题选择焦点话题

#### 1.引导深度体验与感悟

情景的设置本身是为了引导学生进行体验和感悟，而“问题”则是进一步深化这种体验和感悟的关键。如果问题设计得过于简单，如在播放了一段感人的公益视频后，只问学生“视频感人吗？”这样的问题无法激发学生深入思考，他们只能给出表面的回答。相反，如果设计一些能够引导学生“自我再体验”或“移情性对他体验”的问题，就能让学生在情景中有更丰富的收获。例如，在播放了一段贫困地区孩子艰难求学的视频后，可以问学生“如果你是视频中的孩子，你会怎么面对这些困难”或者“看到这些孩子的处境，你觉得我们可以为他们做些什么”这样的问题能够促使学生换位思考，将自己代入情景中，从而获得更深刻的情感体验和理性感悟。

#### 2.设计拓展性与开放性问题

在设计问题时，应尽量设置拓展性、开放性的问题，给学生足够的思考空间。例如，在以理想职业为主题的班会课中，创设了不同职业场景的情景后，可以问学生“你认为未来还可能出现哪些新的职业？这些职业需要具备什么样的技能和素质？”这种开放性问题没有固定的答案，能够激发学生的想象力和创造力，让他们在思考问题的过程中积极探索不同的可能性，拓宽自己的思维视野，同时也能更好地将主题班会课的内容与现实生活和未来发展联系起来。

## （四）技术创设真实教育情景

### 1.多媒体的综合运用

在现代教育技术背景下，主题班会课活动通常会借助多媒体来创设情景，以调动学生的多种感官参与活动。适时运用视频、音乐、图片等元素可以烘托气氛，增强教育效果。

视频能够生动形象地展示情景内容，给学生带来视觉和听觉上的冲击。例如，在爱国主义主题班会课中，播放《建国大业》《觉醒年代》等相关影视作品的片段，可以让学生直观地了解国家建立和发展过程中的艰辛历程，感受到革命先辈们的爱国情怀。这些视频片段所展现的历史场景、人物形象和故事情节都比单纯的文字讲解更有感染力，能够让学生更加深入地沉浸在主题情境中。

音乐具有独特的情感渲染能力，它能够在潜移默化中影响学生的情绪。在感恩主题班会课中，播放《感恩的心》这首歌曲，其舒缓而深情的旋律能够营造出温馨感人的氛围，让学生在聆听音乐的过程中自然而然地回忆起父母、老师等对自己的关爱，从而激发他们内心的感恩之情。不同类型的主题班会课可以选择与之相契合的音乐，如励志主题班会课选择《阳光总在风雨后》，友谊主题班会课选择《朋友》等，通过音乐增强情景的感染力。

图片能够以简洁明了的方式传达信息，给学生留下深刻的印象。在环保主题班会课中，展示一些环境污染前后对比的图片，如清澈的河流变成了臭水沟、美丽的森林被砍伐后的荒芜景象等，这些直观的图片能够让学生深刻感受到环境破坏的严重性，比单纯的数据和文字更有说服力。

### 2.小品、情景剧、小故事、诗朗诵等表演形式也是创设情景的有效手段

小品和情景剧能够通过学生的表演将情景真实地再现出来，让其他学生有更强的代入感。在人际交往主题班会课中，请学生表演一个因误解而产生矛盾又最终化解的小品，在表演过程中，学生可以通过角色的语言、动作和表情展现出人际交往中的问题和解决方法。观看的学生能够从中发现自己在人际交往中可能存在的问题，并且学习如何正确处理矛盾，这种情景再现的方式比理论讲解更加生动有趣，也更容易被学生接受。

小故事可以用简洁的情节传达深刻的道理，而诗朗诵则能够以优美的语言表达情感。在励志主题班会课中，讲述一些名人成功背后的小故事，如爱迪生经过无数次失败后发明电灯的故事，能够激励学生在面对困难时坚持不懈。诗朗诵《相信未来》则可以在困境主题班会课中，用激昂的诗句激发学生对未来的信心，让他们在情感上得到鼓舞。

主题班会课活动情景的设置是一门艺术，它对于主题班会课的教育效果有着至关重要的影响。通过明确情景设置的重要性，并按照依据内容选事例、遵循“近、小、亲、实”原则选典型事例，设计好相关问题以及采取多种形式创设情景等要求来精心打造主题班会课的活动情景，能够让学生在丰富多样、生动感人的情景中充分参与，深入体验，实现“知”“情”“意”“行”的和谐发展，促进学生素质的全面提高，引导学生形成积极向上的人生态度和正确的价值观。在教育教学实践中，教师需要不断探索和创新，根据不同的主题、学生的特点和教育目标，灵活运用情景设置的方法和技巧，使主题班会课真正成为学生成长道路上的重要指引和心灵滋养的源泉。

在未来的教育发展中，随着教育理念的不断更新和教育技术的持续进步，主题班会课活动情景的设置也将面临新的机遇和挑战。例如，虚拟现实（VR）和增强现实（AR）技术的逐渐普及，可能会为主题班会课情景设置带来全新的体验方式，让学生更加身临其境地参与情景中。同时，随着社会多元化的发展，学生的思想和需求也更加多样化，这就要求教师更加敏锐地捕捉社会热点和学生关注的焦点，将其融入情景设置中，使主题班

会课更加贴近学生的实际生活，保持其教育的时效性和针对性。总之，主题班会课活动情景设置的探索之路永无止境，需要教育工作者不断努力和创新。

# 第七章

# 主题班会课的设计原则

在活动育人理念下，主题班会课的设计需遵循以下原则。情境性原则强调创造沉浸式教育环境以触发学生内在动力，这是激发学生参与的起点。引导性原则在此基础上为学生成长导航，挖掘其内在发展潜力，使学生明确方向。互动性原则通过激活学生主体意识，进一步催生内在学习活力，推动学生积极投入。灵活性原则根据学生多样需求调整内容和形式，为学生发展释放空间，保障前几个原则的有效实施。系统性原则则从整体上构建完整教育体系，统筹其他原则，培育学生内在成长力量，促进全面发展，它是其他原则相互关联、协同发挥作用的保障。

## 一、情境性：创造沉浸式教育环境，触发学生的内在动力

情境性在活动型主题班会课中具有重要的内生作用。对于正处于从具体形象思维向抽象逻辑思维过渡阶段的初中生而言，情境能将抽象知识与价值观具象化，与他们的生活和心理体验紧密相连，引发情感共鸣，从而激发内在的学习与参与动力。情境所营造的氛围影响学生的情绪，积极情绪有助于提高学生的学习效率和参与度，促进知识吸收和价值观内化。同时，情境的沉浸感能让学生全身心投入，使他们在活动中更好地理解和应用所学内容。

在交通安全教育主题班会课中，教师设计了一个极具活动性的情境。在校园操场设置模拟的十字路口，用彩色胶带划分车道、人行道和停车线，放置简易的交通信号灯道具。学生被分成小组，分别扮演行人、驾驶员和交警。“驾驶员”驾驶着用自行车或滑板车改装的“汽车”，“行人”在人行道等待过马路。随着交通信号灯的变化，“交警”指挥交通，学生模拟真实的交通场景。在这个过程中，有的“驾驶员”因超速或闯红灯被“交警”拦下，教师引导大家讨论这种违规行为可能导致的后果。这种亲身参与的情境活动，让学生深刻体验到交通安全规则的重要性，而不只是简单地记忆知识。他们在活动中感受到交通场景的紧张氛围，这种强烈的体验使交通安全意识深深扎根在心中。

在诚信教育主题班会课中，教师创设了一个校园诚信小集市的情境。在教室一角布置成集市的样子，摆放一些文具、小饰品等物品，并标明价格。

每个学生有一定数额的虚拟货币用于购买商品。部分商品的价格标签故意设置模糊，考验学生在交易过程中的诚信。有的学生在发现价格模糊时，主动询问老师或与卖家同学协商；而有的学生则试图少付钱。活动结束后，教师组织学生讨论在交易过程中的行为和想法。这个情境活动让学生在真实的交易体验中面对诚信问题，他们的行为和选择成为讨论诚信的生动素材，激发了他们对诚信价值观在实际生活中应用的深入思考。

## 二、引导性：为学生的成长导航，挖掘内在发展潜力

教师在班会课中的引导作用是促进学生发展的关键内生因素，尤其契合初中生身心发展特点。在思考方向引导上，初中生思维活跃但尚不成熟，教师通过设计具有启发性和挑战性的问题，引导他们从不同角度分析问题，突破思维局限，培养批判性思维和深度思考能力，这不仅满足了他们对知识探索的好奇心，也为其抽象逻辑思维发展助力。在情感体验引导方面，初中生情感丰富且易波动，教师引导他们将情感体验转化为积极行动，有助于培养良好品德和心理素质，促进情感稳定发展。引导行动实践能使学生将知识与生活联系，实现知识迁移和能力提升，进一步激发自我发展的内在动力，增强他们在实践中解决问题的自信心。

在“社会现象分析：网络暴力”主题班会课中，教师为了引导学生深入思考，设计了一系列活动性环节。首先，教师播放了一段网络暴力事件的视频片段，但只展示了事件的部分内容，然后让学生分组猜测事件的起因、经过和结果，并讨论其中可能涉及的网络暴力行为。接着，每个小组派代表分享他们的猜测和讨论结果。之后，教师完整播放视频，并引导学生从网络环境特点（如匿名性、信息传播速度快等）、社会心理因素（如压力释放、从众心理等）、法律法规完善（如网络监管的漏洞、惩罚力度等）多个维度分析网络暴力产生的根源。例如，教师让学生模拟网络环境，在匿名纸条上写下自己在网络上可能会有的冲动言论，然后收集起来讨论这些言论可能带来的伤害。通过这种亲身参与的活动和引导，学生深刻体会到网络暴力的复杂性，培养了批判性思维。他们不再是旁观者，而是积极思考如何改变网络环

境，如制定班级网络文明公约、规范自己和同学的网络言行、积极举报网络暴力行为等，将思考转化为实际行动。

在感恩教育主题班会课中，教师开展了“感恩行动周”的系列活动。活动开始，教师播放一段温馨感人的视频，展示父母为孩子默默付出的日常点滴和教师辛勤教导学生的场景，唤起学生强烈的感恩之情。然后，教师布置了具体的感恩任务，如“感恩盲盒”活动，每个学生抽取一个盲盒任务，可能是为父母做一顿早餐、给老师写一封感谢信并当面朗读、为长辈按摩等。学生在完成任务的过程中，需要记录自己和对方的感受。在班会课上，学生们分享自己的经历和体会。这种引导让学生在具身实践中深刻体会到感恩不仅仅是一种情感，更是一种行动。通过亲身参与，学生将感恩内化为一种品德，促进了他们情感和道德的双重发展。

## 三、互动性：激活学生的主体意识，催生内在学习活力

互动性是激发初中生内在学习活力的核心机制，与他们的身心发展需求相契合。在这个阶段，学生的自我意识觉醒，渴望展示自我、获得认可。多元互动形式为他们提供了这样的平台，让他们从被动接受者变为主动参与者。通过实践活动、角色扮演等互动形式，学生在与同伴的交流和合作中，不仅获取知识，还锻炼了沟通能力、团队协作能力等多种技能。这些活动中的互动使学生身体力行地参与其中，形成亲身学习体验，促进深度互动的策略进一步激发学生的思维碰撞，在面对复杂问题和安全包容的氛围，他们深入思考、辩论，提高分析问题和解决问题的能力，增强自信心，激发在学习和成长中的内在活力。

在“团队协作的力量”主题班会课中，教师组织了一场名为“超级拼图大挑战”的活动。教师将一幅大型拼图分成若干小块，平均分给各个小组，每个小组需要在规定时间内完成拼图任务。在活动过程中，小组内成员迅速分工，有的学生负责寻找拼图的边缘部分，有的学生根据图案颜色进行分类，还有的学生负责将拼图块组合起来。在这个过程中，学生们需要不断地沟通和协作，比如，寻找边缘拼图的同学会大声告诉其他同学拼图块的形状

特征，负责组合的同学会向分类的同学请求特定颜色的拼图块。每个小组就像一个紧密协作的团队，成员之间通过眼神、手势和语言进行频繁互动，而且，小组之间也存在竞争关系，这进一步激发了学生的积极性。当有小组率先完成拼图时，会引起其他小组的紧张和加油声。这种活动让学生深刻感受到团队力量的强大，体会到个体在团队中的价值以及团队协作的重要性，激发了他们参与团队活动的热情和内在活力。

在“道德困境讨论”主题班会课中，教师设计了一个名为“灾难救援模拟”的活动。教师在操场上设置了一个模拟灾难现场，有不同的救援场景，每个场景都涉及道德困境，如在有限的救援资源下，是先救近处受伤较轻的同学，还是救远处受伤较重的同学；是先救自己的好朋友，还是救不认识但更需要救援的同学等。学生被分成小组，扮演救援人员进行决策。每个小组需要在规定时间内讨论并做出选择，然后向全班解释他们的理由。在这个过程中，不同小组的观点产生了激烈碰撞。有的小组从救援效率角度出发，有的小组则从道德责任和情感因素考虑。教师引导学生从不同的伦理道德理论角度分析，如功利主义、义务论等。学生在这种亲身参与的活动中，充分讨论和辩论，突破了自己原有的思维模式，深入思考道德判断的复杂性，不仅锻炼他们的思维能力，还培养了尊重不同观点的意识，这种成长体验激发了他们进一步探索道德问题的内在动力。

## 四、灵活性：适应学生的多样需求，释放内在发展空间

灵活性原则的内生机制对于初中生的多样化发展至关重要。初中学生在知识水平、兴趣爱好、学习能力等方面存在显著差异，其身心发展的不平衡性要求班会课具有灵活性。通过创造性地利用已有材料和开发丰富的课程资源，教师可以设计多种形式的活动，满足不同类型学生的需求。这种灵活性让每个学生都能在自己感兴趣和擅长的领域积极参与，充分挖掘潜力，使他们在活动中感受到学习的乐趣和成就感，从而激发内在的学习热情和自我发展的动力，为他们的个性发展创造有利条件。

在“传统文化传承：古诗词”主题班会课中，教师根据初中生的兴趣

和能力差异，设计了多样化的活动性学习方式。对于擅长表演的学生，教师组织了“古诗词戏剧表演”活动。学生们选择自己喜欢的古诗词，如《木兰诗》，将其改编成戏剧脚本，然后进行表演。在表演过程中，学生们深入理解古诗词的内容和情感，通过亲身表演展现出木兰代父从军的英勇和坚韧。对于对绘画有兴趣的学生，教师开展了“古诗词配画创作”活动，学生们为古诗词创作插图，用画笔描绘出“大漠孤烟直，长河落日圆”的壮丽景色或“采菊东篱下，悠然见南山”的闲适意境。对于喜欢音乐的学生，教师安排了“古诗词吟唱”活动，学生们为古诗词谱曲并演唱，感受古诗词的韵律之美。这种灵活性让不同特长的学生都能以自己喜欢的方式参与到古诗词的学习中，释放了他们在传统文化学习方面的内在发展空间，激发了对传统文化的热爱。

在“民俗文化体验”主题班会课中，教师充分考虑初中生的好动、好奇特点，开发了丰富多样的民俗文化体验活动。教师邀请民间艺人到学校操场，开展“民俗技艺大比拼”活动。在活动中，民间艺人展示剪纸、捏面人、糖画等传统手工艺制作过程，并邀请学生参与。学生们分成小组，在艺人的指导下尝试制作。他们亲身体验到剪纸时的精细操作、捏面人时的塑形技巧和糖画绘制的独特手法。每个小组完成的作品都可以展示和分享，大家互相欣赏和评价。此外，教师还组织学生到当地民俗博物馆进行“民俗文化寻宝”活动。在博物馆内，学生们根据任务清单寻找具有特定文化意义的民俗文物，如古老的剪纸作品、传统的婚礼服饰等，并了解这些文物背后的故事和文化内涵。这种灵活多样的课程资源开发，满足了不同学生的需求，为他们在民俗文化学习领域提供了丰富的发展机会，激发了他们对民俗文化学习和传承的内在动力。

## 五、系统性：构建完整教育体系，培育内在成长力量

系统性原则为活动型主题班会课构建了一个完整的教育体系，契合初中生身心发展的连续性和阶段性特点。在设计环节，依据学生的年龄、知识水平和发展阶段，确保教育内容由浅入深、循序渐进，符合他们的认知规律。

这种系统性设计为学生搭建了稳固的学习阶梯，使他们在不同阶段都能获得适当的挑战和发展。实施环节注重连贯性和逻辑性，通过一系列相互关联的活动，让学生在学习过程中顺利接受知识和技能的传递，避免跳跃式学习带来的困惑。评价环节的全面性和多元性则为教育效果提供反馈，教师可以根据评价结果调整和改进班会课的内容和方式，满足学生不断变化的发展需求。学生也能通过评价了解自己的成长和不足，从而激发进一步学习和改进的内在动力，促进知识、技能、情感等多方面的发展，为他们的身心健康成长提供有力支持。

在心理健康教育主题班会课的设计中，教师遵循系统性原则，针对初中生的心理特点，设计了一系列连续且有层次的活动。在开场环节，教师通过组织“情绪猜猜猜”游戏，让学生通过观察表情图片来猜测不同的情绪，引起学生对心理健康话题的兴趣，激发他们对情绪的好奇心。接着，在主体环节，教师开展“情绪日记分享会”活动，提前一周让学生记录自己的情绪变化和相关事件，在班会课上分享。教师引导学生分析情绪产生的原因和影响，并介绍一些常见的情绪调节方法，然后进行“情绪应对模拟演练”活动，设置一些容易引发情绪波动的场景，如考试失利、与朋友吵架等，让学生分组表演如何应对这些情况，其他小组进行评价和讨论。最后，在总结环节，教师引导学生一起制作“情绪管理手册”，将学到的情绪知识、调节方法和应对策略整理成册，供大家在日常生活中参考。这种系统的设计和实施，让学生在每个环节都能逐步深入地理解心理健康知识，通过参与活动培养良好的心理素质，形成一个完整的心理健康教育体系，为学生的心理成长提供持续的内在支持。

在“艺术创作与表达”主题班会课中，评价环节体现了系统性。教师根据初中生在艺术创作过程中的表现和发展需求，设计了多维度、多元化的评价体系。在评价内容方面，涵盖了艺术创作技巧的掌握程度，如色彩搭配、构图等知识的运用，创作过程中的创新思维、耐心和毅力等情感态度表现，以及通过合作创作所提升的团队协作能力。评价主体多元化，教师评价注重从专业角度给予指导和反馈，如对学生作品的艺术质量、技巧运用和创意表达进行评价；学生自评让他们反思自己在创作过程中的想法和体验，例如，是否达到了自己预期的创作效果，在哪些方面遇到了困难并如何克服；学生互评则从同伴的视角提供不同的观点和建议，如作品的吸引力、传达的情感以及对小组合作的贡献等。评价方式多样化，采用过程性评价和表现性评价相结合。过程性评价通过观察学生在创作过程中的表现，如创意构思的记录、遇到问题时的解决方法、小组成员合作情况的记录等，全面了解学生的创作历程。表现性评价则通过学生最终的作品展示来评价学生对艺术创作目标的达成情况和创新程度。在作品展示环节，学生有机会向全班介绍自己的作品，分享创作思路和背后的故事。这种系统的评价全面客观地反映了学生在艺术创作方面的成长和进步，学生可以根据评价结果了解自己的优势和改进方向，激发他们在艺术创作领域持续发展的内在动力，同时也为教师改进教学提供依据，进一步完善艺术创作主题班会课的教育体系。

# 第八章

# 主题班会课的实施策略

活动育人理念下的主题班会课突破了传统班会课说教为主的模式，通过丰富多样的活动，激发学生的兴趣和参与度，促进学生在知识、技能、情感态度和价值观等多方面的发展。然而，要设计一个高质量的活动性主题班会课并非易事，需要从多个策略点进行精心规划。笔者将从目标设定、活动设计、引导与组织、评价反馈四个方面，详细阐述活动性主题班会课的设计策略。

## 一、目标设定：明班会之向，铸班会之魂

### （一）基于学情，确定目标

初中生正处于身心发展的关键时期，具有独特的特点。在生理上，他们身体迅速发育，精力充沛，但也容易疲劳和冲动。心理上，自我意识增强，渴望独立和被认可；情绪波动较大，对新事物充满好奇但注意力难以长时间集中；思维从形象思维向抽象逻辑思维过渡，开始对社会现象和人际关系有了更深入的思考。例如，针对初中生情绪波动大的特点，可以设计“情绪管理小达人”主题班会课，目标是让学生认识不同情绪的表现和影响，掌握一些基本的情绪调节方法，提高情绪管理能力。例如，考虑到他们对人际交往的需求和困惑，开展“友谊的小船如何远航”主题班会课，目标是帮助学生理解友谊的内涵，学会处理朋友之间的矛盾和冲突，建立健康的人际关系。

### （二）根据课程，细化目标

活动性主题班会课应与学校的教育目标和课程标准相契合。从教育需求来看，要培养学生的综合素质，包括道德品质、文化素养、实践能力、创新精神等。以课程标准为依据，不同学科领域的知识和技能也可以融入班会课目标中。比如，在“走进科学世界”主题班会课中，结合科学课程标准，目标可以是让学生了解科学探究的基本方法，通过有趣的科学实验活动，培养学生观察、分析和解决问题的能力，激发学生对科学的热爱之情。同时，在道德品质培养方面，强调在实验过程中的团队合作、尊重事实、勇于探索等精神。

### （三）结合实际，评估目标

目标设定要避免过于笼统和模糊，应具体明确，以便于在班会课实施过程中有清晰的方向指引，同时方便对班会课效果进行评价。以“我爱我家：家庭责任我担当”主题班会课为例，具体目标可以是：学生能够列举出至少五项家庭责任（具体性）；通过角色扮演等活动，展示出在面对家庭问题时积极承担责任的行为（可操作性）；在班会课后一周内，通过家长反馈了解学生在家庭中承担责任的实际情况（可评价性）。

## 二、活动设计：赋班会之趣，展班会之姿

### （一）选择贴近学生生活的活动主题

初中生对与自己生活密切相关的话题更感兴趣。活动主题可以从他们的学习、家庭、社交、兴趣爱好等方面选取。例如，“校园欺凌：远离伤害，守护阳光”主题班会课，针对校园中可能出现的欺凌现象，通过案例分析、小组讨论等活动，让学生了解校园欺凌的危害和应对方法。这一主题与学生的校园生活息息相关，能引起他们的高度关注。例如，“我的课余生活我做主”主题班会课，围绕学生的课余爱好展开，如绘画、音乐、运动等，让学生分享自己的课余生活经历，设计理想的课余活动计划，增强他们对课余时间的合理规划意识。

### （二）选择契合学生心理的活动形式

考虑到学生在学习风格上的差异，活动形式应多样化，包括游戏竞赛、角色扮演、小组讨论、实地考察、艺术创作、实验探究等。

（1）游戏竞赛形式。在“趣味数学大比拼”主题班会课中，设计各种数学游戏和竞赛，如数学接力赛、数字猜谜等。这种形式能激发学生的竞争意识，提高他们在数学运算、逻辑推理等方面的能力。对于喜欢挑战和竞争的学生来说，游戏竞赛能充分调动他们的积极性。

（2）角色扮演形式。在“职业体验日”主题班会课中，让学生扮演不同

的职业角色，如医生、警察、教师等。通过模拟职业场景，学生能够体验不同职业的工作内容和责任，了解职业选择的多样性。角色扮演适合那些善于通过模仿和体验来学习的学生，能够增强他们的同理心和社会认知能力。

（3）小组讨论形式。在“网络利弊谈”主题班会课中，组织学生分组讨论网络在学习、娱乐、社交等方面的利弊。小组讨论可以促进学生之间的思想交流，培养他们的批判性思维和团队协作能力。对于那些善于思考和表达的学生，小组讨论为他们提供了一个展示观点的平台。

（4）实地考察形式。在“爱护我们的环境：社区环境调研”主题班会课中，带领学生到学校周边社区进行环境考察，了解环境污染问题，采访居民对环境的看法。实地考察能让学生亲身体验和感受，将理论知识与实践相结合，这种形式适合喜欢通过观察和实践来学习的学生，能增强他们的社会责任感和环保意识。

（5）艺术创作形式。在“弘扬民族精神：民族文化艺术展”主题班会课中，让学生通过绘画、手工制作、书法等艺术形式展现他们对民族精神和文化的理解。艺术创作可以激发学生的想象力和创造力，培养他们的审美情趣，对于有艺术天赋和兴趣的学生，这是一种很好的学习和表达途径。

（6）实验探究形式。在“神奇的物理现象”主题班会课中，通过简单的物理实验，如摩擦起电、浮力实验等，让学生探究物理原理。实验探究能够培养学生的动手能力和科学探究精神，满足那些对科学实验充满好奇的学生的学习需求。

## （三）设计具有挑战性的活动内容

为了满足不同能力水平学生的需求，活动内容应具有层次性和挑战性，从简单到复杂、从基础到拓展，逐步引导学生深入参与。以“古诗词诵读与赏析”主题班会课为例，活动内容可以分为三个层次：首先是古诗词诵读比赛，要求学生准确、流利地诵读指定的古诗词，这是基础层次，适合所有学生参与；然后是古诗词赏析分享，让学生选择一首古诗词，分析其意境、情感和修辞手法，这对学生的理解能力有一定要求；最后是古诗词改编与创作，鼓励有能力的学生根据古诗词的风格和韵律进行改编或创作新的诗词，这是拓展层次，为那些对古诗词有较高兴趣和能力的学生提供挑战。

在“团队建设挑战赛”主题班会课中，设计一系列团队挑战活动。开始是简单的两人三足接力赛，培养团队成员之间的默契；接着是复杂一些的盲人方阵，要求团队成员在蒙眼的情况下，将绳子拉成规定的正方形，考验团队的沟通和协作能力；最后是难度更高的越狱逃生模拟，团队成员需要利用有限的资源，通过合作从模拟的“监狱”中逃脱，全面挑战团队的领导力、执行力和创新能力。

在“交通安全伴我行”主题班会课中，在学校操场模拟一个十字路口，设置交通信号灯、斑马线、机动车道和非机动车道等，让部分学生扮演行人，部分扮演驾驶员，还有部分扮演交警。通过模拟真实的交通场景，学生在情境中体验遵守交通规则的重要性，如行人如何正确过马路、驾驶员如何礼让行人等。这种情境化的活动比单纯的讲解交通规则更生动形象，学生更容易接受。

在“诚信考场”主题班会课中，模拟考试场景，设立诚信考场。在考试前，与学生讨论诚信考试的意义和规则，然后让学生在没有监考老师的情况下进行考试。通过这种情境体验，让学生深刻理解诚信的价值，培养他们的自律意识。

## 三、引导组织：护班会之航，强班会之聚

### （一）活动前的准备与铺垫

（1）知识准备。在开展“科技创新”主题班会课之前，教师可以安排学生收集一些科技创新的案例资料，了解最新的科技成果和科技发展趋势。这样在班会课中进行讨论和实践活动时，学生有一定的知识基础，能够更好地参与。在“历史人物评说”主题班会课之前，让学生查阅相关历史人物的生平事迹、历史背景等资料。学生在班会课上分享和讨论时，能更深入地理解历史人物的行为和贡献，避免讨论的肤浅和片面。

（2）心理准备。对于一些可能涉及学生敏感话题或具有一定挑战性的活

动，要做好心理准备。在“青春期心理健康”主题班会课之前，教师可以通过与学生个别谈话、发放调查问卷等方式，了解学生对青春期问题的关注和困惑，让学生知道班会课是一个安全、开放的交流环境，消除他们的顾虑。在“挫折教育”主题班会课中，提前与学生沟通，让他们明白挫折是成长过程中正常的一部分，引导学生以积极的心态面对即将在班会课中遇到的挫折情境和讨论话题。

## （二）活动中的有效引导

（1）提问引导。在“环保行动”主题班会课的小组讨论环节，教师可以提出一些引导性问题，如“我们身边有哪些常见的环境污染现象？这些现象对我们的生活和健康有什么影响？我们可以采取哪些具体措施来减少污染？”通过这些问题，引导学生从现象观察到问题分析，再到提出解决方案，逐步深入思考环保问题。在“理想信念教育”主题班会课中，教师提问：“你的理想是什么？你为什么会有这样的理想？为了实现理想，你需要克服哪些困难？”这些问题帮助学生明确自己的理想，思考理想与现实的关系，激发他们为理想而努力的动力。

（2）示范引导。在“手工制作传统节日饰品”主题班会课中，教师先示范一些基本的制作技巧，如剪纸的折叠方法、编制中国结的步骤等。学生在教师的示范下，能更快地掌握制作方法，减少挫败感，提高参与度。在“演讲技巧训练”主题班会课中，教师亲自示范演讲的姿势、语气、语调、眼神交流等技巧，让学生直观地感受优质演讲的要素，然后再让学生进行练习和展示。

（3）情感引导。在“感恩父母”主题班会课中，播放感人的亲情视频，教师分享自己与父母之间的感人故事，用自己的情感感染学生，引导学生回忆自己与父母相处的点滴，激发他们的感恩之情。在“爱国情怀”主题班会课中，在讲述革命先烈的英勇事迹时，教师通过激昂的语调、生动的描述，展现先烈们的爱国精神，让学生在情感上受到强烈的震撼，培养他们的爱国情怀。

### （三）活动的组织与管理

（1）小组划分。合理的小组划分是保证活动顺利开展的重要环节。小组人数一般以4~6人为宜，可以根据学生的性别、性格、学习能力等因素进行混合搭配。在“合作学习：数学难题攻关”主题班会课中，将不同数学水平的学生分在一组，让他们在解决数学难题的过程中互相学习，互相帮助。在“文化交流：世界各国风情展”主题班会课中，将对不同国家文化感兴趣的学生分在一组，这样可以丰富小组的文化视角，促进文化交流和融合。

（2）时间管理。在班会课活动中，要合理安排时间，确保每个活动环节都能充分开展，同时避免时间过长或过短。在“趣味运动会”主题班会课中，每个运动项目都要规定合理的比赛时间和休息时间，例如，接力赛跑项目，可以安排每组比赛时间为5分钟，中间休息2分钟，然后进行下一组比赛。整个运动会的总时长控制在一节课或两节课的时间内，让学生在有限的时间内充分体验运动的乐趣，又不至于过于疲劳。在“知识竞赛”主题班会课中，不同轮次的竞赛时间、答题时间、计分时间等都要精确安排，例如，必答题环节每题答题时间为30秒，抢答题环节抢答准备时间为5秒，答题时间为30秒等，确保竞赛公平、有序地进行。

（3）秩序维护。在活动过程中，要维持良好的秩序，保证学生的安全和活动的正常进行。在“户外拓展”主题班会课中，教师要提前检查场地和设备的安全性，在活动中密切关注学生的行动，防止意外事故的发生。在“角色扮演”主题班会课中，当学生讨论过于激烈或出现偏离主题的情况时，教师要及时引导，让讨论回归正轨，确保活动有序开展。

## 四、评价反馈：升班会之质，育学生之能

### （一）多元化的评价主体

（1）教师评价。教师评价在活动性主题班会课中具有重要作用。教师可以从活动参与度、知识技能掌握、情感态度表现等方面对学生进行评价。在“艺术表演”主题班会课中，教师评价学生的表演技巧、表现力、对角色的

理解等；在“知识讲座与讨论”主题班会课中，评价学生的发言质量、对知识的理解和应用能力等。教师评价要客观、公正、具体，既要指出学生的优点和进步，也要提出改进的建议。

（2）学生自评。鼓励学生进行自我评价，培养他们的自我反思能力。在“个人成长计划”主题班会课结束后，让学生回顾自己在班会课的表现，如目标设定是否合理、行动计划是否可行、在实践过程中有哪些收获和不足等。在“体育锻炼成果展示”主题班会课中，学生评价自己在体育锻炼中的努力程度、技能提升情况以及需要改进的地方。

（3）学生互评。学生互评可以促进学生之间的相互学习和交流。在“小组合作项目展示”主题班会课中，每个小组展示完成后，其他小组可以从内容、形式、团队协作等方面进行评价。在“作品展示与评价”主题班会课中，如绘画作品、手工制作等，学生可以从创意、技巧、色彩搭配等角度评价其他同学的作品，通过互评，学生可以从不同视角认识自己和他人的作品，提高自己的审美和评价能力。

## （二）全面化的评价内容

（1）知识与技能评价。在“科学实验探究”主题班会课中，评价学生对科学知识的理解和运用能力，如是否掌握实验原理、能否正确操作实验仪器、是否能根据实验结果得出合理的结论等。在“语言表达训练”主题班会课中，评价学生的语言表达能力，包括发音、语速、语调、逻辑清晰度、词汇丰富度等方面。

（2）过程与方法评价。关注学生在活动过程中的表现，如在“小组合作解决问题”主题班会课中，评价学生的团队协作能力，包括是否积极参与讨论、是否能倾听他人意见、是否有团队合作意识等。在“问题解决策略训练”主题班会课中，评价学生解决问题的方法和策略，如是否能分析问题、是否尝试多种方法解决问题、是否能总结经验教训等。

（3）情感态度与价值观评价。在“品德教育”主题班会课中，评价学生的道德品质和价值观，如在“诚信教育”主题班会课中，观察学生在日常学习和生活中的诚信行为表现；在“爱心公益活动”主题班会课中，评价学生的社会责任感和爱心，是否积极参与公益活动、是否关心他人等；在“传统文化传承”主题班会课中，评价学生对传统文化的态度，如是否有兴趣、是否尊重传统文化等。

## （三）及时有效的反馈与改进

（1）反馈的及时性。评价结果要及时反馈给学生，让他们能够及时了解自己的表现。在“演讲比赛”主题班会课结束后，教师应尽快公布比赛结果，并对每个学生的表现进行点评，让学生在记忆还清晰的时候接受反馈，更好地改进自己的演讲技巧。在“社会实践活动汇报”主题班会课中，活动结束后马上组织汇报和评价，让学生在第一时间知道自己在实践活动中的优点和不足，以便在后续类似活动中改进。

（2）基于反馈的改进。根据评价反馈结果，对班会课的设计和实施进行改进。如果在“团队建设”主题班会课中发现部分学生在团队沟通环节存在问题，下次班会课可以增加专门的团队沟通训练活动。如果在“知识竞赛”主题班会课中发现学生对某些知识点的掌握不够扎实，在后续的班会课或课堂教学中可以加强对这些知识点的复习和巩固。

活动育人理念下的主题班会课的设计需要从目标设定、活动设计、引导与组织、评价反馈四个方面精心谋划。通过深入了解初中生的身心发展特点，结合教育需求和课程标准，设计出符合学生兴趣和能力水平的班会课；通过多样化、情境化、层次化的活动设计，激发学生的参与热情；通过有效的引导和组织，确保班会课的顺利开展；通过多元化、全面化的评价反馈，促进班会课质量的提升和学生的全面发展。在实际设计过程中，教育工作者要不断实践、反思和改进，使活动性主题班会课真正成为初中教育中培养学生综合素质的有力工具。

# 第九章

# 主题班会课的教学评价

主题班会课活动作为学校德育工作的重要载体，对于学生的品德塑造、价值观形成和综合素质提升有着深远影响。对主题班会课活动进行全面、科学的评价，是提高班会课质量、促进学生发展的关键环节。评价不仅要关注活动的实施过程和效果，还需要从多个维度进行量化分析，结合具体案例深入探讨，从而为班会课的改进和优化提供有力依据。

## 一、主题班会课活动的设计评价（表9-1）

表9-1　主题班会课活动的设计评价

| 主题班会课活动的设计评价 | | |
|---|---|---|
| 指标 | 内容 | 评分 |
| 目标针对性维度 | 目标与学生当前突出问题高度契合，完全切中要害；目标与学生当前问题有一定关联，但不够全面；目标与学生当前问题基本无关联 | 25~30分；15~24分；0~14分 |
| 主题合理性与提炼深度维度 | 主题符合学生需求且深度恰到好处，具有吸引力和启发性；主题合理但深度不够，缺乏一定的深度挖掘或深度过深，超出学生理解范围；主题不合理，无法引起学生兴趣或与学生发展无关 | 20~25分；10~19分；0~9分 |
| 内容贴合度维度 | 内容与学生实际生活和心理紧密贴合，能引起强烈共鸣；内容与学生实际有部分关联，但贴合度不足；内容与学生实际基本不相关 | 16~20分；8~15分；0~7分 |
| 准备充分性维度 | 准备工作全面细致，资料丰富、设备完好、环节安排合理；准备工作基本满足需求，但存在部分资料不足或设备问题；准备工作严重不足，影响活动正常开展 | 12~15分；6~11分；0~5分 |
| 过程设计恰当性维度 | 过程设计逻辑清晰、环节合理、时间安排得当，过渡自然；过程设计存在一些小问题，如环节衔接不顺畅或时间分配不太合理；过程设计混乱，逻辑不清，环节设置不合理 | 8~10分；4~7分；0~3分 |
| 方案编写科学性维度 | 方案完整、条理清晰，有明确的活动背景、目标、方法、准备和过程，且有问题应对策略；方案基本完整，但在某些方面有欠缺，如活动背景不清晰或方法不明确；方案粗糙，缺乏系统性和完整性 | 8~10分；4~7分；0~3分 |

## （一）目标针对性维度

（1）高分评价（25~30分）：班会课目标能够精准捕捉学生在特定阶段面临的突出问题。例如，在升学压力笼罩下的毕业班，“缓解考试焦虑，科学备考冲刺” 这一主题班会课目标明确且极具针对性。设计者通过深入观察与精准分析，确定帮助学生掌握心理调适方法、制订复习计划以及树立正确考试观的目标。这样的目标紧密围绕学生当下最紧迫的需求，使学生在参与班会课的过程中，犹如在迷雾中找到灯塔，明确前行方向，收获实用的知识与技能，进而有效提升班会课的教育价值与实践效果。

（2）中等评价（15~24分）：班会课目标虽与学生问题有一定联系，但存在局限性。以校园文明建设主题班会为例，若仅着眼于规范学生言行举止，而忽视对内在文明素养与价值观的深度挖掘，如对不同文化背景下文明差异的探究以及文明行为背后道德情感支撑的剖析，班会课就如同浅尝辄止的探索，无法触及问题的核心与本质。尽管与主题相关，但由于未能全面涵盖学生在文明养成方面的深层次困惑，使得班会课难以从根本上解决校园文明建设中的诸多难题，最终导致教育效果大打折扣。

（3）低分评价（0~14分）：班会课目标若与学生当前问题脱节，班会课将沦为无本之木。例如，在科技创新主题班会中设定提高古典文学鉴赏能力的目标，这无疑是南辕北辙之举。学生在这样的班会课中犹如置身于陌生的领域，无法获取与自身科技创新成长需求相契合的知识、技能或情感体验，班会课也因此失去应有的教育意义与价值，变得空洞乏味，无法达成预期的教育目标。

## （二）主题合理性与提炼深度维度

（1）高分评价（20~25分）：班会课主题往往能够巧妙地契合学生需求，并挖掘到恰到好处的深度。如青春期教育主题班会以“青春的色彩与担当”为主题，既关注青春期学生对自我形象、兴趣爱好等外在层面的关注（青春的色彩），又深入引导学生思考在这一特殊阶段所应承担的社会责任与道德义务（青春的担当）。这样的主题犹如一把精巧的钥匙，能够开启学生内心深处的思考之门，激发他们积极参与班会课的热情，使他们从多个维度深入探讨与自身紧密相关的话题，进而在认知、情感与行为等方面实现全面的成长与转变，充分彰显主题的吸引力与启发性。

（2）中等评价（10~19分）：班会课主题若合理性有余而深度不足，将难以引发学生深入思考与持久关注。以环境保护主题班会为例，若主题仅停留在“爱护环境，从我做起”的表面呼吁，缺乏对环境问题成因、全球环境变化严峻形势以及个人行为与环境系统复杂关系的深入探究，学生虽能初步意识到保护环境的重要性，但由于缺乏全面而深入的理解，难以形成稳固且有效的环保意识与行动策略。反之，若主题深度超出学生理解范围，如在初中阶段探讨高深的环境伦理学理论，学生将因难以理解而对班会课望而却步，兴趣索然，最终导致班会课无法达到预期的教育效果。

（3）低分评价（0~9分）：班会课主题若不合理，无法与学生兴趣或发展产生共鸣，班会课将陷入僵局。例如，在普通中学开展“古代宫廷礼仪研究”主题班会，对于大多数学生而言，这一主题与他们的日常生活和成长需求犹如两条平行线，相距甚远。学生难以在这样的主题中找到参与的切入点与兴趣点，班会课往往会陷入冷场或流于形式的困境，无法实现其教育目标，成为教育资源的无效投入。

## （三）内容贴合度维度

（1）高分评价（16~20分）：班会课内容能够紧密贴近学生的实际生活与心理状态，从而引发强烈的共鸣。以人际交往主题班会为例，通过列举校园中常见的同学矛盾、师生沟通问题等真实案例，以及分享学生在社交平台上的互动困惑与经验，班会课内容仿佛一面镜子，清晰地映照出学生的生活场景与内心世界。学生在参与过程中，能够深切感受到这些内容与自己息息相关，进而积极主动地参与讨论与分享，努力寻求解决问题的方法，提升人际交往能力。这样的班会课内容犹如涓涓细流，能够深入学生内心，触动他们的情感琴弦，使他们在实际生活中能够自如地运用所学知识与技能，实现知识的有效迁移与应用。

（2）中等评价（8~15分）：班会课内容若与学生实际仅有部分关联，贴合度欠佳，将使学生在参与过程中产生疏离感。例如，在职业规划主题班会中，若只是泛泛地介绍常见职业的特点与要求，而未能结合学生所在地区的就业市场、学校专业设置以及学生自身兴趣特长和家庭背景等实际情况进行深入分析，学生虽能获取一些职业信息，但这些信息犹如空中楼阁，难以与他们的未来规划建立紧密联系。这种贴合度不足的班会课内容，对学生的实际帮助有限，无法充分发挥班会课在职业规划方面的作用，导致班会课效果不尽如人意。

（3）低分评价（0~7分）：班会课内容若与学生实际基本脱节，班会课将变得空洞无物。以金融投资主题班会为例，对于小学生或初中生而言，他们的生活经验与认知水平尚不足以理解复杂的金融投资概念与策略。这样的内容与他们的实际需求存在巨大鸿沟，学生在班会课中只能被动接受，犹如听天书一般，无法真正参与其中并理解其内涵，从而无法实现班会课对学生成长的促进作用，成为一种无效的教育活动。

## （四）准备充分性维度

（1）高分评价（12~15分）：班会课在准备阶段可谓面面俱到。例如，在文化传承主题班会中，教师提前广泛收集丰富的文化遗产图片、视频资料，并精心准备相关的实物道具，如传统手工艺品等。同时，对展示、讲解、互动等环节进行合理规划，确保设备调试完好，如多媒体播放流畅、音响效果良好等。这样周全的准备工作为班会课营造了良好的学习氛围，使学生能够获得直观、丰富的学习体验。各个环节在充分准备的保障下有条不紊地推进，主题内容得以充分展示，学生的参与度与学习效果也随之显著提升，为班会课的成功举办奠定了坚实的物质与技术基础。

（2）中等评价（6~11分）：班会课准备工作虽能基本满足需求，但仍存在一些瑕疵。如在科技展示主题班会中，教师准备了科技小发明样品，但相关原理讲解资料不够详尽，或者在演示过程中遭遇投影仪故障等设备问题。尽管教师能够临时采取调整讲解方式或尝试修复设备等措施，但这些突发情况仍会对原本的教学节奏产生干扰。学生的注意力容易被分散，对科技知识的理解与体验也会受到影响，进而导致班会课的整体质量有所下降，无法达到最佳的教育效果。

（3）低分评价（0~5分）：若班会课准备严重不足，将面临无法正常开展的困境。例如，在户外拓展主题班会，教师若未提前勘察场地，导致活动当天发现场地存在安全隐患而无法使用，或者未准备必要的活动器材和防护设备，那么班会课将被迫取消或仓促更改形式。这不仅浪费了学生的宝贵时间和精力，更无法实现预期的教育目标，使班会课的策划与组织陷入彻底的失败境地。

## （五）过程设计恰当性维度

（1）高分评价（8~10分）：班会课过程设计犹如一部精心编排的乐章，逻辑清晰、环节合理、时间分配得当且过渡自然。以心理健康主题班会为例，从引入常见心理问题案例吸引学生关注，到组织小组讨论深入分析问题成因与解决方法，再到邀请心理专家进行专业讲解与答疑解惑，最后引导学生制定个人心理健康维护计划，每个环节紧密衔接，如同链条上的各个环节环环相扣。时间安排恰到好处，既不会使某个环节仓促了事，也不会让某个环节冗长拖沓。过渡自然流畅，使学生能够在不知不觉中逐步深入了解心理健康知识，掌握应对心理问题的技能。在整个过程中，学生始终保持较高的学习积极性和参与度，如同在知识的海洋中畅游，最终使班会课达到预期的教育效果，实现教育目标的有效达成。

（2）中等评价（4~7分）：班会课过程设计若存在一些小问题，如环节衔接不够顺畅或时间分配不够合理，将影响学生的学习体验与班会课效果。例如，在艺术鉴赏主题班会中，若作品展示环节与学生讨论环节之间过渡生硬，缺乏有效的引导，学生难以从欣赏作品顺利过渡到深入思考作品背后的艺术内涵。或者在讨论环节时间过长，导致后面的作品创作实践环节时间紧迫，学生无法充分发挥创意并完成作品。这些过程设计中的小瑕疵会使班会课的节奏失调，犹如一首旋律不和谐的乐曲，学生难以全面深入地理解和体验主题内容，从而降低班会课的教育价值与影响力。

（3）低分评价（0~3分）：班会课若过程设计混乱，逻辑不清，环节设置不合理，将使学生陷入迷茫与无所适从的境地。例如，在历史文化主题班会中，若教学内容一会儿跳跃到古代历史事件，一会儿又切换到现代文化现象，缺乏清晰的主线与逻辑顺序，且环节之间缺乏连贯性与过渡性，学生将如同置身于迷宫之中，难以理解班会课的重点与目的。在这种情况下，学生无法有效地参与学习活动，整个班会课将陷入混乱无序的状态，犹如一盘散沙，无法实现其应有的教育价值，成为教育资源的浪费。

## （六）方案编写科学性维度

（1）高分评价（8~10分）：班会课方案体现了设计者的严谨性与专业性。以安全教育主题班会方案为例，方案详细阐述了当前校园安全形势以及学生在安全方面存在的常见问题（活动背景），明确提出了提高学生安全意识、掌握安全技能的目标，列举了案例分析、模拟演练、知识讲座等多种丰富且适宜的教学方法。同时，对资料收集、场地布置等准备工作进行了细致入微的安排，对班会课的各个环节流程进行了合理规划，并且针对可能出现的突发情况，如学生在模拟演练中受伤、设备故障等制定了周全的应对策略。这样完整、条理清晰且具有前瞻性的方案能够为班会课的成功实施提供可靠的依据与指导，确保各个环节顺利推进，有效应对各种可能出现的问题，犹如一艘在茫茫大海中航行的轮船拥有了精准的航海图，能够顺利抵达教育目标的彼岸。

（2）中等评价（4~7分）：若班会课方案基本完整，但在某些关键方面欠缺，将给班会课的实施带来不确定性。例如，在社会实践主题班会方案中，若仅列出活动目标、准备和过程，但对开展此次社会实践的背景和意义阐述模糊不清，教师和学生可能对活动的初衷与价值缺乏深刻理解。或者在方法部分仅简单提及要进行实地调研，却未详细说明调研的方式、对象和步骤，这将使教师在实施过程中缺乏明确的操作指南，学生也不清楚自己在活动中的具体任务与行动方法。这种方案的不完善会影响班会课的效果与质量，如同建筑工人在施工过程中依据一份模糊不清的图纸，难以建造出坚固美观的建筑。

（3）低分评价（0~3分）：若班会课方案粗糙简陋，缺乏系统性和完整性，班会课的实施将举步维艰。例如，一个关于科技创新主题班会的方案仅有简单的主题和几个活动环节名称，而缺乏活动背景、目标、准备等核心内容，也未对环节进行详细描述与流程规划。这样的方案犹如一张残缺不全的地图，无法为班会课的实施提供有效的指引，教师在组织班会课时将感到无从下手，学生也无法明确班会课的意图与要求。整个班会课可能会因方案的严重缺陷而陷入混乱与失败，无法实现其教育使命与价值追求。

综上所述，一个优质的主题班会课活动设计需要在目标针对性、主题合理性与提炼深度、内容贴合度、准备充分性、过程设计恰当性以及方案编写科学性等多维度均达到较高水平。这六个维度相互关联、相互影响，共同构成了一个完整的主题班会课活动设计评价体系。

## 二、主题班会课活动的过程评价（表9-2）

表9-2　主题班会课活动的过程评价

| 主题班会课活动的过程评价 | | |
|---|---|---|
| 指标 | 内容 | 评分 |
| 活动计划执行准确性评估 | 活动完全按照计划顺利执行，未出现任何调整且效果卓越；活动因合理不可抗力因素进行小幅度调整，调整后顺利开展且效果良好；活动有一定偏差，但能完成主要内容，对整体效果影响较小；因组织不力等问题导致活动无法正常开展，或严重偏离计划，效果很差 | 28~30分；25~27分；15~24分；0~14分 |
| 班主任引导行为有效性评估 | 班主任在活动各个环节均能及时、准确、高效地进行引导，极大地促进活动深入开展，引导效果极为显著；班主任引导较为及时、准确，能在一定程度上促进活动深入，但存在一些小瑕疵；班主任引导缺失或引导方向错误，对活动产生负面影响 | 13~15分；6~12分；0~5分 |
| 学生参与主体性程度评估 | 学生全员积极主动参与活动，高度投入，充分展示和发挥自身能力与特长；部分学生参与积极，整体参与度较高，能较好地展示和发挥；学生参与度低，多数为被动参与，展示和发挥不足 | 13~15分；6~12分；0~5分 |
| 师生行为发展性水平评估 | 师生在知识、技能、情感等多方面都有非常明显的发展和提升；师生在某些方面有一定发展，但不够全面和深入；师生基本无发展，活动对师生成长的促进作用不明显 | 8~10分；4~7分；0~3分 |

续表

| 主题班会课活动的过程评价 | | |
|---|---|---|
| 指标 | 内容 | 评分 |
| 活动问题分析与影响程度评估 | 活动中仅存在极少量可改进的微小问题，对活动整体影响几乎可忽略不计；活动存在一些可改进问题，但不影响活动主要目标的达成；活动存在较多或严重问题，对活动目标的达成产生较大影响 | 21~30分；<br>11~20分；<br>0~10分 |

## （一）活动计划执行准确性评估

（1）高分评价（28~30分）：班会课活动能够精准无误地按照计划顺利推进，且未出现任何调整并取得卓越效果。这表明活动组织者在前期策划时对各种因素进行了全面且深入的考量，对活动流程、资源分配、时间安排等有着精准的把控能力。例如，在一场以“诚信伴我行”为主题的班会课活动中，从开场的诚信故事分享，到中间的诚信案例剖析环节，再到最后的诚信践行讨论与承诺环节，每一个步骤皆严格依循计划稳步推进。故事分享生动形象、案例剖析深刻透彻、讨论环节积极踊跃，各个环节衔接自然流畅，时间把控精准无误，学生们于整个过程中全神贯注，踊跃参与，充分领悟了诚信的要义，深切感受到诚信在生活中的关键作用，活动收获了超乎想象的教育成效，有力地促进了诚信理念在学生心中生根发芽，为塑造学生良好品德与行为习惯奠定了坚实基础。

（2）中等偏上评价（25~27分）：班会课活动虽因合理的不可抗力因素进行了小幅度调整，但调整后依然能够顺利开展并取得良好效果。这体现了组织者具备一定的应变能力和灵活调整计划的智慧。例如，在一次户外主题班会课活动中，原本计划进行的户外拓展游戏因天气突然变化而无法进行。组织者迅速调整计划，将游戏环节改为室内的团队合作拓展活动，利用教室的空间和现有的资源，组织学生进行小组创意搭建比赛。在调整过程中，组织者能够快速重新分配任务、调整时间安排，学生们也迅速适应了变化，积极投入新的活动中，不仅锻炼了团队合作能力，还在创意发挥中收获了知识与乐趣，活动整体效果并未受到太大影响。

（3）中等评价（15~24分）：班会课活动存在一定偏差，但仍能完成主要内容，对整体效果产生较小影响。这可能是由于在活动执行过程中对某些细节把控不够精准，或者遇到了一些局部性的意外情况。比如，在一场“班级凝聚力”主题班会课活动中，原计划进行的团队合作游戏环节因场地空间限制，导致游戏开展不够顺利，部分预期的互动效果未能充分达成。不过，组织者及时调整活动策略，通过讲述经典团队故事和分享相关励志视频，让学生对团队协作的重要性和班级凝聚力的内涵有了基本的感悟，后续的小组讨论和班级愿景规划环节也得以顺利推进，活动的主要教育目标得以达成，只是在学生的亲身体验和情感共鸣方面略有欠缺。

（4）低分评价（0~14分）：活动由于组织不力等问题导致活动无法正常开展，或严重偏离计划，效果很差。例如，在一场“艺术鉴赏”主题班会课活动中，组织者未能提前安排好展示作品的设备和场地，导致活动开始时作品无法正常展示，学生们只能坐在教室里等待。组织者在慌乱中又未能及时调整活动流程，使得整个活动陷入混乱，学生们的参与热情被严重打击，最终无法达到艺术鉴赏和审美教育的目标，活动以失败告终。

## （二）班主任引导行为有效性评估

（1）高分评价（13~15分）：班主任在活动各个环节均能及时、准确、高效地进行引导，极大地促进活动深入开展，引导效果极为显著。例如，在“心理健康教育”主题班会课活动中，班主任在开场时通过生动的案例分享，迅速吸引了学生的注意力，引发了学生对心理健康话题的兴趣。在小组讨论环节，班主任深入各个小组，倾听学生的讨论，适时提出启发性问题，引导学生从不同角度思考心理健康问题的成因和解决方法。当学生在讨论中出现观点分歧时，班主任能够巧妙地引导学生进行理性的辩论，帮助学生澄清错误观念，加深对心理健康知识的理解。在总结环节，班主任能够精准地概括学生的讨论成果，补充专业知识和实用建议，使学生对心理健康有更全面、更深入的认识，活动达到了预期的教育深度和广度。

（2）中等评价（6~12分）：班主任引导较为及时、准确，能在一定程度上促进活动深入，但存在一些小瑕疵。例如，在“职业规划”主题班会课活动中，班主任在介绍不同职业特点和要求时，能够清晰地讲解基本信息，但在引导学生结合自身兴趣和特长进行职业规划时，提供的个性化指导不够深入。在学生分享自己的职业理想时，班主任未能及时捕捉到一些学生存在的认知误区并加以纠正，导致部分学生对职业规划的理解存在偏差。不过，总体而言，班主任的引导还是推动了活动的进行，学生们在活动中对职业规划有了初步的认识和思考。

（3）低分评价（0~5分）：班主任引导缺失或引导方向错误，对活动产生负面影响。例如，在“环保行动”主题班会课活动中，班主任在活动过程中几乎没有主动引导学生深入思考环保问题的根源和解决方案，只是简单地让学生观看了一些环保视频后就组织讨论。在讨论过程中，当学生提出一些不切实际的环保想法时，班主任未能给予正确的引导和纠正，导致讨论陷入混乱，学生们对环保行动的认识停留在表面，无法形成有效的环保意识和行动策略，活动未能达到预期的教育效果。

## （三）学生参与主体性程度评估

（1）高分评价（13~15分）：班会课活动中学生全员积极主动参与活动，高度投入，充分展示和发挥自身能力与特长。例如，在“校园文化节”主题班会课活动中，每个学生都积极参与校园文化元素的挖掘、整理和展示环节中。有的学生擅长绘画，主动承担起绘制校园文化海报的任务；有的学生具有表演才能，组织并参与了校园文化短剧的表演；还有的学生文字功底扎实，撰写了精彩的校园文化故事分享给大家。在讨论环节，学生们踊跃发言，各抒己见，提出了许多富有创意的校园文化建设建议，充分展现了学生的创造力和团队合作精神，整个活动充满了活力与激情。

（2）中等评价（6~12分）：班会课活动中有部分学生参与积极，整体参与度较高，能较好地展示和发挥。例如，在“阅读分享”主题班会课活动中，大约三分之二的学生能够主动分享自己读过的好书，讲述书中精彩的情节和自己的阅读感悟。他们在分享过程中能够清晰地表达自己的观点，与其他同学进行有效的互动。然而，仍有部分学生参与度较低，只是被动地倾听，没有积极地参与到讨论和分享中。不过，由于积极参与的学生带动了活动氛围，活动整体还是取得了一定的教育效果，促进了学生之间的阅读交流和思想碰撞。

（3）低分评价（0~5分）：班会课活动中学生参与度低，多数为被动参与，展示和发挥不足。例如，在“班级文明现象”主题班会课活动中，由于讨论话题深度过深，且活动形式单一，主要以教师引出话题、学生发表看法的方式进行，导致大部分学生缺乏参与的兴趣和深度思考。只有少数表达能力较强且对文明现象有较多感悟的学生能够勉强发表一些见解，其他学生则处于被动聆听状态，无法充分分享自身的观察体验和创新想法，活动未能激发学生对班级文明建设的关注和热情，也未能达到引导学生积极践行文明行为的目标。

## （四）师生行为发展性水平评估

（1）高分评价（8~10分）：班会课活动中师生在知识、技能、情感等多方面都有非常明显的发展和提升。例如，在“节约粮食”主题班会课活动中，教师通过引导学生开展粮食浪费现状调查、节约粮食创意宣传方案设计等实践活动，既丰富了自身的教学手段与策略，又在与学生的协作中真切洞悉了学生的节约意识与创新表达能力，显著提升了教育教学水平。学生们在活动中深刻认识到粮食种植的艰辛与全球粮食危机的严峻，掌握了诸如粮食储存保鲜技巧、合理膳食搭配以减少浪费等实用知识与技能，并且于小组合作探究过程中锻炼了组织协调与应对复杂问题的能力。当遭遇诸如调查受阻、方案被否等困境时，师生携手共进、彼此激励，深厚了相互间的情谊与信任，师生皆在此次活动中达成了多维度的成长与提升，让节约粮食的理念深深烙印在每一位学生心间，转化为实际行动中的点滴坚守。

（2）中等评价（4~7分）：班会课活动中师生在某些方面有一定发展，但不够全面和深入。例如，在“爱心义卖”主题班会课活动中，教师通过介绍爱心义卖的意义、流程以及过往成功案例，引导学生理解公益活动的价值、团队协作的要点等要素，学生们在义卖活动的组织与执行能力方面有了一定的进步，对公益事业的运作模式有了初步认知。教师在教学进程里也尝试了一些新的教学手段，如鼓励学生自主设计义卖商品的宣传方案，增强了自己的教学创新意识。然而，活动在情感触动方面的深度有所欠缺，未能充分唤起学生对弱势群体的深切同情以及对社会责任担当的深刻领悟与内心共鸣，师生在情感态度价值观层面的发展较为局限，未能让爱心义卖所蕴含的奉献精神深入灵魂，化作持久的公益热情与行动自觉。

（3）低分评价（0~3分）：班会课活动中师生基本无发展，活动对师生成长的促进作用不明显。例如，在“交通安全教育”主题班会课活动中，教师只是简单地宣读了一些交通安全法规和事故案例，学生们被动地听讲，没有实际的互动和实践环节。教师在教学过程中没有新的教学方法的应用和教学能力的提升，学生也只是机械地记忆了一些交通安全知识，没有在实践能力、情感态度等方面有实质性的发展，活动未能达到促进师生成长的教育目标，只是完成了基本的知识传递任务。

## （五）活动问题分析与影响程度评估

（1）高分评价（21~30分）：班会课活动中仅存在极少量可改进的微小问题，对活动整体影响几乎可忽略不计。例如，在“感恩教育”主题班会课活动中，唯一的小问题可能是在活动结尾的感恩卡片制作环节，由于准备的材料有限，部分学生不能选择自己心仪的颜色和图案来制作卡片。但这并没有影响学生表达感恩之情的热情和活动整体的教育氛围，学生们仍然通过其他方式，如真挚的文字表达、深情的朗诵等，深刻地体会到了感恩的意义，活动的主要教育目标得以圆满实现。

（2）中等评价（11~20分）：班会课活动存在一些可改进问题，但不影响活动主要目标的达成。例如，在“体育精神”主题班会课活动中，存在的问题可能是在体育明星事迹分享环节，部分学生准备的资料不够详实，导致分享内容不够精彩。不过，通过教师的补充讲解和其他同学的积极提问与讨论，学生们对体育精神的核心内涵，如拼搏、坚持、团队合作等，有了较为深刻的理解。活动在培养学生体育精神和价值观方面的主要目标没有受到影响，只是在知识拓展和分享效果方面有一定的提升空间。

（3）低分评价（0~10分）：班会课活动存在较多或严重问题，对活动目标的达成产生较大影响。例如，在“班干部职责”主题班会课活动中，因活动设计的任务安排缺乏合理过渡，从基本的班级事务传达瞬间升级到处理复杂的班级矛盾协调与多方资源整合，致使多数班干部在执行过程中困难重重，滋生畏难情绪。同时，教师于引导环节未能结合学生的真实能力水平灵活变动，令活动陷入困境，班干部们不但未明晰自身职责要义，反倒对履职工作萌生逃避心态，活动的教育初衷全然未能实现，亟待对活动设计与推进流程予以全方位反思与优化。

主题班会课活动过程的评价是一个多维度、综合性的体系，活动计划执行准确性、班主任引导行为有效性、学生参与主体性程度、师生行为发展性水平以及活动问题分析与影响程度这五个维度相互交织、相互影响。

# 第十章

# 主题班会课的编写体例

主题班会课教案编写体例是围绕班会设计形成的规范化格式，其要素相互关联构成完整体系。主题明确是班会核心，后续内容据此展开。背景阐述涵盖多方面情况，为主题开展营造情境、铺垫充分。目的设定包括知识技能、过程方法和情感价值目标，指引班会方向。明确时间、地点和参与人员是班会顺利开展的基本条件。准备工作需教师精心准备资料、道具、设计流程，学生准备素材，确保内容充实。班会流程有关键环节。预期效果是对学生积极变化的展望，注意事项保障班会顺利开展。

下面以“文明礼仪伴我行”的主题班会课教案为例，探索编写体例。

## 一、主题班会课的编写体例

### （一）班会课主题

主题“文明礼仪伴我行”。

### （二）学情分析

本次班会针对初中二年级学生。这个阶段的学生已经有了一定的自我意识和社交需求，但在文明礼仪方面还存在一些不足。部分学生在校园内可能出现言行举止不文明的情况，如在楼道追逐打闹、对师长不礼貌等，同时在公共场合也缺乏相应的文明礼仪意识。

### （三）活动背景

当今社会，文明礼仪是个人素养的重要体现，良好的文明礼仪有助于构建和谐社会。但社会上也存在一些不文明现象，如公共场所大声喧哗、乱扔垃圾等，对学生产生了不良影响。学校倡导文明校园建设，需要培养学生良好的文明礼仪习惯，提升学校整体形象，同时减少因文明礼仪问题引发的冲突和矛盾。

## （四）活动目标

### 1.认知目标

（1）知识理解：让学生明确文明礼仪的内涵、具体内容（包括言行、着装、社交礼仪等），了解文明礼仪在不同场景（校园、家庭、公共场合）中的要求和重要性。

（2）信息整合：使学生能将文明礼仪知识与日常生活中的观察和经历相结合，形成对文明礼仪全面且深入的理解，明白不文明行为带来的负面影响。

### 2.情感目标

（1）情感共鸣：通过展示文明礼仪的感人故事和不文明行为的负面案例，唤起学生对文明礼仪的尊重和向往之情，激发他们内心的羞耻心和改正不文明行为的决心。

（2）态度转变：引导学生从对文明礼仪的忽视或不以为然转变为重视和积极践行，树立以文明为荣、以不文明为耻的态度。

### 3.价值目标

（1）行为引导：促使学生在日常生活中自觉遵守文明礼仪规范，无论是在校园内（向老师问好、爱护校园环境）、家庭中（尊重长辈、文明用餐）还是公共场合（遵守秩序、爱护公共设施）都能做到言行文明。

（2）技能培养：培养学生在不同场景下正确运用文明礼仪的技能，如得体的问候方式、正确的坐姿站姿、文明的交流技巧等。

## （五）参与人员

全班学生，主持人由班长担任，班主任协助指导班会流程。

## （六）活动准备

（1）资料收集与整理：从网络、学校图书馆收集文明礼仪相关的故事、图片、视频资料。如收集古今中外文明礼仪典范的故事，如孔融让梨、周恩来总理的外交礼仪风采；整理公共场合不文明行为的图片和视频，如在景区乱涂乱画等资料，并筛选出适合初中学生理解和接受的内容。

（2）物资准备：准备文明礼仪知识问答的小奖品，如文具；制作展示文明礼仪内容的PPT；准备模拟表演文明礼仪场景的道具，如餐桌道具、校服等。

（3）场地布置：在教室前方张贴“文明礼仪伴我行”的横幅，在教室四周墙壁张贴文明礼仪标语和图片，营造浓厚的文明礼仪氛围。

（4）人员组织与培训：组织学生排练文明礼仪情景短剧，培训学生在知识问答环节的组织和主持技巧。

## （七）活动流程

### 1.开场环节

（1）引入主题（设计目的：激发学生兴趣，吸引注意力，自然引出班会主题）。播放一段在公共场合因不文明行为引发冲突的搞笑视频，如在餐厅有人大声喧哗导致争吵的视频，然后提问学生对这种现象的看法，引导学生思考文明礼仪的重要性，从而引出班会主题。

（2）介绍目的（设计目的：让学生对班会有整体预期，提高参与积极性）。主持人向同学们介绍本次班会的目的是学习文明礼仪知识，提高自身文明素养，共同营造文明的校园环境和社会环境。

### 2.主体环节

（1）内容呈现与讲解（设计目的：向学生传递班会核心内容，为后续互动和理解奠定基础）。教师通过PPT展示文明礼仪的概念、涵盖范围，讲解不同场景下文明礼仪的具体要求。如在校园内，见到老师主动问好、课间不追逐打闹；在家庭中，尊重长辈，听从教导；在公共场合，遵守秩序、爱护环境等。

邀请一位同学分享收集到的文明礼仪故事，如晏子使楚中晏子展现出的外交礼仪智慧，让同学们感受文明礼仪的魅力。

（2）互动环节（设计目的：增强学生参与感，促进学生思考和交流，深化对主题的理解）。

小组讨论：将学生分成小组，讨论身边常见的不文明行为及改进措施，每组推选一名代表发言。通过讨论，让学生反思自己和身边人的行为，加深对文明礼仪的认识。

文明礼仪知识问答：设计一些关于文明礼仪的选择题、填空题和简答题，进行小组抢答。通过这种方式，巩固学生对文明礼仪知识的掌握，同时激发学生的竞争意识和团队合作精神。

情景模拟表演：安排学生表演几个文明礼仪场景，如在公交车上给老人让座、在餐厅文明用餐等，以及不文明场景，如在图书馆大声喧哗。表演后让其他学生指出其中的文明礼仪要点和不文明之处，通过这种直观的方式，让学生更好地理解和运用文明礼仪知识。

**3.总结环节**

（1）学生分享（设计目的：让学生巩固所学，从不同角度加深对主题理解）。邀请学生分享班会中的收获和体会，比如，有的学生可能会说自己以前没有意识到在图书馆保持安静是这么重要的文明礼仪行为，以后会注意；有的学生可能会表示要向文明礼仪典范学习，改变自己一些不文明的小习惯。

（2）教师总结与升华（设计目的：强化重点内容，评价、鼓励学生，将主题与生活和未来发展联系，引导学以致用）。教师全面总结班会内容，强调文明礼仪是个人修养的重要体现，对个人成长和社会发展都有着重要意义。鼓励学生从自身做起，从小事做起，用文明礼仪规范自己的言行，并将文明礼仪传播给身边的人，做文明的使者。

**4.结束环节**

（1）布置作业（设计目的：加深学生对主题理解和实践）。要求学生写一篇关于“我身边的文明礼仪”的短文，描述自己在一周内观察到的文明礼仪行为或自己践行文明礼仪的经历；或者让学生制定一份家庭文明礼仪计划，和家人一起遵守。

（2）宣布结束。主持人宣布班会结束，感谢同学们的积极参与。

## （八）效果评估

**1.评估方式**

（1）观察法：在班会后的校园生活中观察学生的言行举止，看是否有更多的文明礼仪行为，如是否主动向老师问好、是否在课间保持安静等；在班级活动中观察学生之间的交流是否更加文明礼貌。

（2）问卷调查法：班会后设计问卷，了解学生对文明礼仪知识的掌握程度、对班会活动形式的满意度、是否有意愿改变自己的不文明行为等。问卷包括选择题（如“以下哪种行为是文明的？”）、简答题（如“你认为文明礼仪对自己有什么好处？”）。

（3）访谈法：选择部分学生进行访谈，深入了解他们对班会的看法、在践行文明礼仪过程中的困难和想法，可在班会后一周或两周内进行。

**2.评估内容**

（1）目标达成情况：通过在课间和日常活动中观察学生的行为表现来评估行为目标，通过问卷中的情感表达倾向和态度问题来评估情感目标，通过提问文明礼仪知识和查看学生作业来评估认知目标。

（2）活动效果评价：了解学生对活动形式（如对情景模拟、知识问答的喜爱程度）、内容安排（是否觉得文明礼仪知识讲解清晰全面）、教师引导（是否认为教师在总结环节的引导有帮助）的评价，为班会改进提供参考。

### （九）注意事项

（1）安全保障：在情景模拟表演等环节，确保道具使用安全，避免学生因道具使用不当受伤。

（2）尊重学生差异：在小组讨论和学生分享环节，鼓励不同层次和性格的学生积极参与，对于一些内向或对文明礼仪理解有偏差的学生，要耐心引导，不批评指责。

（3）引导与把控：教师在互动环节要充分发挥引导作用，确保讨论围绕文明礼仪主题进行，避免话题过于分散；在情景模拟表演环节，要及时纠正表演中出现的不符合文明礼仪要求的行为，引导学生正确理解和实践。

## 二、体例撰写的理念与思路

### （一）活动背景：全面深入的分析

活动背景是主题班会课活动方案的重要组成部分，它包括对社会背景、学生存在的突出问题以及活动的针对性、必要性和教育意义的分析。

**1.社会背景分析：把握时代脉搏**

从社会宏观角度出发，分析当前社会环境对初中学生的影响。例如，在信息时代，网络的普及给学生带来了丰富的知识资源，但也存在网络沉迷、信息真伪难辨、网络暴力等问题。此外，初中学生好奇心强，但辨别能力相对较弱，针对这些情况，开展“正确使用网络，健康成长”主题班会课，引导学生在网络世界明辨是非，保护自己，健康成长。

**2.学生问题剖析：贴近学生实际**

深入了解初中学生在特定方面存在的问题。比如，观察到初中学生在人际交往中存在沟通不畅、容易产生矛盾、缺乏合作精神等问题，或者在学习方面存在学习动力不足、方法不当等问题，以此为依据开展“人际交往技巧与团队合作”或“提升学习动力与方法”主题班会课，为学生提供解决问题的思路和方法。这些问题都是初中学生在日常学习和生活中经常遇到的，与他们的成长息息相关。

**3.教育意义阐述：明确活动价值**

说明主题班会课活动针对学生问题的解决方向，强调其开展的必要性以及对学生教育的积极意义。以“心理健康教育”主题班会课为例，阐述在初中学习竞争压力大、青春期心理变化复杂的环境下，关注学生心理健康的迫切性，以及通过活动帮助学生掌握心理调适方法、增强心理韧性、正确处理人际关系等的重要价值。初中生在这个阶段容易出现情绪波动和心理困惑，心理健康教育班会课能为他们提供必要的支持。

## （二）活动目标：清晰明确的指引

活动目标的表述要使用准确的行为动词，涵盖情感态度价值观、知识和能力三个维度。

**1.情感态度价值观目标：塑造内在品质**

使用“感受”“体验”“树立”等行为动词。在“爱国主义教育”主题班会课中，目标是让学生感受祖国的伟大，体验爱国情感，树立为祖国繁荣富强而努力的信念。通过讲述国家发展历程（如新中国成立以来的重大成就，如高铁建设、航天工程等），展示国家建设成就的图片和视频等活动，激发学生的爱国之情。初中生正处于价值观形成的重要时期，爱国主义教育能培养他们的民族自豪感和责任感。

**2.知识目标：知识的理解与掌握**

运用“懂得”“理解”“识别”等行为动词。在“消防安全教育”主题班会课中，目标是让学生懂得火灾发生的原因（如电器使用不当、玩火等），理解消防安全知识（如火灾逃生方法、灭火器的使用原理），识别常见的消防标识（如安全出口标志、灭火器标志等）。通过知识讲解、案例分析（如本地发生的火灾案例）、消防设施展示等环节实现这一目标。这对于增强初中学生的安全意识和自我保护能力非常重要。

**3.能力目标：能力的培养与提升**

采用“学会”“运用”“完成”等行为动词。在“创新能力培养”主题班会课中，目标是让学生学会创新思维方法（如头脑风暴法），运用创新技巧解决问题（如设计一个新颖的校园活动方案），完成简单的创新实践任务（如制作一个有创意的小发明）。例如，通过开展创意设计比赛（如设计环保垃圾桶）等活动提高学生的创新能力。初中生思维活跃，创新能力培养能激发他们的潜力，为未来发展打下基础。

## （三）活动方法：多样化的途径选择

活动方法要根据活动目标和内容进行选择，包括讲授法、讨论法、演示法、实践法等多种形式。

**1.讲授法：知识的传递**

在一些需要系统讲解知识的主题班会课中适用。如在“法律常识教育”班会课中，教师通过讲授法律基础知识（如未成年人保护法相关内容），让学生对法律概念、法律在生活中的作用等有初步了解。对于初中学生来说，他们开始接触更复杂的社会环境，法律常识教育能让他们知法守法。

**2.讨论法：思想的碰撞**

用于激发学生思考和交流。在“道德两难问题”主题班会课中，提出一些道德困境案例，如在紧急情况下是先救亲人还是先救更多的陌生人，或者发现好朋友考试作弊该不该举报等，让学生进行讨论。初中生正处于道德观念逐渐清晰的阶段，这种讨论能引导他们思考道德判断的标准和复杂性，培养他们的道德分析能力。

**3.演示法：直观的展示**

在一些需要展示操作过程或现象的班会课中有效。在“急救知识培训”主题班会课中，教师演示心肺复苏等急救操作方法，同时配合人体模型让学生更直观地学习急救技能。这对于提高初中学生在紧急情况下的应急能力有很大帮助。

**4.实践法：能力的锻炼**

通过让学生亲身参与实践活动来培养能力。在“环保行动实践”主题班会课中，组织学生参与校园环保行动，如植树、垃圾分类宣传和实践、制作环保手抄报等，让学生在实践中增强环保意识和实践能力。初中生喜欢参与实践活动，这种方式能让他们更深刻地理解环保的意义。

## （四）活动准备：充分细致的筹备

活动准备包括资料收集、物资准备、人员安排等方面。

**1.物资准备：保障活动开展**

准备活动所需的物资，如在“手工制作展示”主题班会课中，要准备充足的手工材料，像彩纸、剪刀、胶水、竹签等，以及展示手工成品的展示架或展示板；在“科技展示”主题班会课中，准备展示科技作品的设备，如电脑、投影仪、展示台，还有学生制作科技小发明可能用到的电子元件、电池、电机等，确保活动能够顺利进行。对于初中生来说，完善的物资准备能让他们更专注于活动内容和展示，避免因物资不足而影响参与热情和活动效果。

**2.人员安排：明确职责分工**

如果活动中有小组活动或表演环节，要提前安排好人员。在“校园剧表演”主题班会课中，确定演员、导演、道具人员、服装人员、灯光音效人员等。比如，根据学生的兴趣和特长挑选有表演天赋的学生担任演员，组织能力强的学生担任导演，细心且有创意的学生负责道具和服装准备，对电子设备熟悉的学生负责灯光音效。明确每个人的职责，保证活动的有序进行。这样的安排可以让初中生在活动中发挥各自的优势，培养团队协作能力和责任感。

## （五）活动过程：有条不紊的实施

活动过程是主题班会课活动方案的核心部分，要将活动内容、情景设置、活动形式、师生行为等有机融合，层次分明地呈现。

### 1.以活动内容为主线：构建活动框架

以活动内容的层次划分为依据划分活动阶段，将其他要素串联起来。在“文明礼仪教育”主题班会课中，活动内容可以分为文明礼仪的内涵、校园文明礼仪的具体表现、如何践行文明礼仪三个层次。首先，在讲解文明礼仪内涵时，可以通过播放动画视频，展示古今中外的文明礼仪小故事，如孔融让梨、周恩来总理的外交礼仪风采等，让学生理解文明礼仪是一种尊重他人、体现自身修养的行为准则。然后，在分析校园文明礼仪的具体表现环节，教师可以组织学生分组观察校园内的现象，如课间同学之间的礼貌问候、上下楼梯的秩序、食堂就餐的行为等，并记录下来。这一过程让初中生从自己熟悉的校园场景中发现文明礼仪的细节，增强他们的观察力和对文明礼仪的重视。

最后，在制定如何践行文明礼仪的计划阶段，小组讨论在不同场景下（教室、操场、图书馆等）应该如何做到文明礼仪，并形成书面的行动计划。这样的设计让学生将文明礼仪知识与实际行动相结合，促进他们在日常生活中养成良好的行为习惯。

### 2.情景设置具体：生动的情境营造

对情景设置的描述要详细，包括事例呈现形式和问题抛出。在“挫折教育”主题班会课中，可以通过讲述名人面对挫折的故事作为情景，如海伦·凯勒在失明失聪的情况下，凭借顽强的毅力学习知识，与人交流，最终成为著名的作家和教育家。教师可以先播放一段关于海伦·凯勒生平的视频片段，展示她在学习过程中的艰难，比如，她如何通过触觉感受老师的嘴唇振动来学习发音。然后提出问题：“海伦·凯勒在面对如此巨大的挫折时，她是怎么想的？如果是你，你会怎么做？你在生活中遇到过哪些挫折，你是如何应对的？”引导学生思考挫折的意义和应对方法。这种具体的情景设置和有针对性的问题，能让初中生更容易产生情感共鸣，激发他们深入思考。

**3.活动形式清晰：明确步骤要求**

将活动形式的具体要求和步骤表述清楚。在“团队拓展训练”主题班会课中，详细说明团队游戏的规则、分组方式、活动时间等。比如，玩“齐眉棍”游戏，规则是：将学生分成若干小组，每组同学面对面站成两排，所有人伸出双手，将一根轻棍放在每个人的手指上，大家一起努力将棍慢慢下移至地面，过程中任何人的手指都不能离开棍子，若棍子掉落则需重新开始，看哪个小组能最快完成。分组时要注意男女搭配、性格互补。活动时间设定为每组15分钟，共进行三轮。明确的规则和步骤能让学生清楚自己在活动中的任务和流程，确保活动有序开展，同时也能培养初中学生的团队协作能力和竞争意识。

**4.师生行为明确：有序地参与活动**

明确学生在活动中的主要行为，如讨论、分享、实践等，教师的行为包括导入语、过渡语、问题提出、参与讨论发言、总结提升等，但要注意点评要根据学生的活动生成情况灵活进行，预设的内容也要根据实际情况调整。

在“心理健康调适”主题班会课中，教师在导入时提出问题：“当你感到压力大时，你有什么表现？比如，是情绪上的变化，还是身体上的反应？”引导学生进入讨论环节。在讨论过程中，教师参与发言，分享一些心理调适的方法，如深呼吸放松法、积极的自我暗示等。最后根据学生的讨论情况进行总结提升，帮助学生掌握有效的心理调适技巧。例如，如果学生提到压力大时会失眠，教师可以总结失眠可能是心理压力在身体上的反应，并进一步强调可以通过建立良好的睡眠习惯和心理调节来改善。这样有明确指导的师生互动，能让初中生在班会课中有更清晰的学习方向，更好地参与到活动中，从而达到心理健康教育的目的。

主题班会课活动的成功实施需要满足多方面的条件。在参与者方面，良好的师生关系是基础，教师要扮演好策划者、引导者和体验者的角色，充分尊重和发挥学生的主体作用，促进学生在合作学习中发展。在活动方案编写上，要全面深入地分析活动背景，明确清晰的活动目标，选择合适的活动方法，做好充分的活动准备，精心设计活动过程。只有全面考虑这些条件，才能使主题班会课活动真正成为培养初中学生综合素质、促进其全面发展的有力教育手段，为学生的成长和未来奠定坚实的基础。同时，随着时代的发展和初中学生特点的变化，我们需要不断审视和优化这些条件，以适应新的教育需求，更好地发挥主题班会课在学校教育中的重要作用。在教育实践中，教师要不断总结经验，创新活动形式和内容，提高主题班会课活动的质量和效果，让每一次主题班会课都成为学生难忘的成长经历，帮助他们在初中这个关键的成长阶段树立正确的价值观、提升综合能力和培养健康的心理。

# 第十一章

# 主题班会课教学实例

# 第一节 “以诚载信”班会课教学设计

**【背景分析】**

学情分析：研究学生对社会主义核心价值观之一——“诚信”的理解，探究高中学生在为人处世中对“诚信”的思维状态，以此作为班会课的实施背景。

课程分析：“智慧处世”是以构建价值观为主线的校本课程。课程以“走近智慧、立德树人”为主旨，形成“个人・体悟”“外在・发现”“社会・践行”三个板块，从自身的认知到实际的践行，聚焦身边的为人处世的言行。

材料选取：借助中国传统文化对诚信的诠释，以校园情景剧、班级演讲等为媒介素材，在潜移默化中渗透式解读，引导学生在为人处世中形成积极的“诚信观”。开设“以诚载信，行能致远”“难得糊涂”“谦虚其实是机缘”等主题教育，“以诚载信，行能致远”是系列主题教育的第一课。

**【教育目标】**

认识目标：诚信是一个道德范畴，是公民的第二个“身份证”。“以真诚之心，行信义之事”是为人和处世的准则。引导学生理解诚信在为人处世中的重要性，在思辨中明确诚信的智慧力量。

情感目标：把好“诚信”这一价值观在为人处世中的情感维系关；引导学生去践行诚信意识，构建与他人、社会交往的准则。

行为目标：引导学生从“用眼睛发现，从身边做起”这两个方面去践行社会主义核心价值观。

**【教学重点】**

引导学生领悟“体验诚信”与“智慧处世”的思辨关系。

**【教学难点】**

理论化说教、道德制高点、禁止式训话等教育方式，学生会本能情感抗拒；采取体验式的教学方式，在情景迁移中构建理性自觉、形成并践行学生主体的“诚信观”。

【教学理念】

在班会课学习中秉承“生本教育”的教学理念，运用“体验式”教学方式来开展，鼓励学生在参与中提升自主学习能力；在教师的引导下自主去设计、探究、思考和实施的一项活动，侧重的是学生的探究意识和过程，进而实现“潜移默化、润物无声”的教育效果。

生成性。通过“体验性”活动，遵循“认识”的内在要求，引导学生“做中学”，在实践中生成智慧。

综合性。通过“文献收集、小组分工、设计量化表、评价方式”等方式来培养学生的策划组织、协调和实施的综合能力。

活动性。通过“采访亲友、策划方案、组织开展”等形式的设计，构建适切性、指向性的主题活动。

【教学思路】

本节班会课教学思路由“课前分析”“课堂实施”“课后延伸”（巩固与延伸）所组成，详见下图（图11–1）：

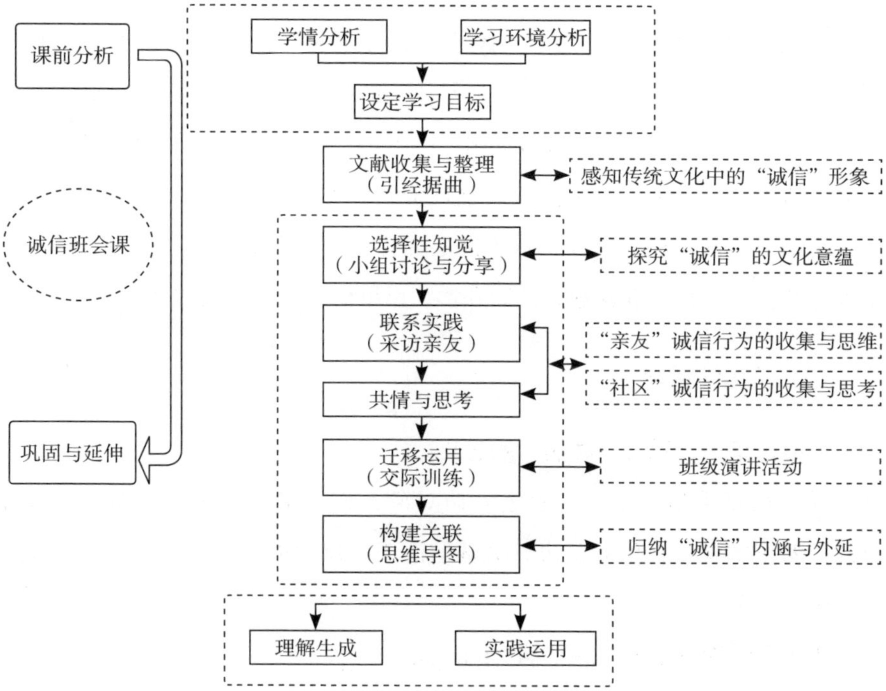


图11–1　班会课教学思路

【教学过程】

## 一、搜集资料

### 1.搜集资料，理解诚信的内涵

将班级48名同学分成6组，组内分工协作，搜集有关“信”的名言警句、成语典故、名人逸事以及其他经典论述，理解“信”的传统内涵。下发小组合作分工表，明确资料收集要求及上交路径。

### 2.整理资料，理解诚信的意义

将学生整理上传的资料分享到平板教室共享文件夹。学生按观点类和事例类，从“交友之信”“经商之信”“国家之信”三个方面，“正面”“反面”两个角度，对材料进行分类，小组讨论从中提炼出古代典籍中“信”的含义，教师进一步明确“信”的含义。

“信，诚也。”“信”的基本内涵：信守诺言、言行一致、诚实不欺。“诚信”就是以真诚之心，行信义之事。“诚”与“信”合起来作为一个科学的道德范畴，是现代社会的产物。诚，指真诚、诚实；信，指信任、信用和守信。

“信”是个人的立身之本，民族的存亡之根，是社会的道德原则和规范；对国家而言是维护社会正义、良好风气的基础。

设计意图：通过资料分工单的指引，学生在搜集、整理资料的过程中学会分工协作，学会分门别类搜集、整理资料的方法。思维导图学习支架的运用，帮助学生厘清思维路径，从不同层面探讨“信”的含义，探讨“信”对个人、社会、国家的重要意义，提升学生思维的逻辑性与层次性。

## 二、采访性活动

### 1.设计采访，思考“诚信”的意义

学生根据采访记录单，确定采访对象，设计采访问题。跟同学、教师以及长辈了解发生在他们身边有关诚信的正、反面故事，认真聆听、专注记录、积极思考。

### 2.小组讨论，辩证理解“信”的含义

组内做采访记录汇报，学生结合采访记录的故事，练习用事例准确表达

自己的观点，提升听他人发言并提取信息的能力。

学生围绕“诚信缺失会带来什么危害”展开小组讨论碰撞，并形成讨论记录。小组派代表分享“诚信缺失”会带来的危害。

**3. 归纳总结，深化对“信”的认识**

通过学生的讨论，师生进一步明确诚信缺失的危害：①从个人角度看，诚信缺失会导致个体行为失范，并引发信仰危机；②从社会角度看，诚信缺失会导致整体道德滑坡，加剧群体无理性；③从国家层面看，诚信缺失会降低国家的凝聚力，丧失改革发展的主心骨；④从经济领域看，诚信缺失会危害社会主义市场经济的健康发展。从反面角度来概括新的危害，让学生深层理解“信”对个人、社会、国家的重要性。

设计意图：关于“诚信缺失”可能会带来的危害，由学生在采访实践活动的基础上，小组讨论归纳出来。这样的活动设计，注重学习主体的参与，更能让学生发自内心体认诚信的重要性，明白“人无信不立”的深刻内涵。用实际的问题情境导入，既可以淡化学生“被教育”的意识，减少他们的抗拒心理，同时由于情境的生活性和冲突性，可以吸引他们积极地参与到讨论中。

## 三、班级演讲赛

**1.自主学习，准备演讲**

（1）教师精心准备学生自主学习资源包，其中涵盖高质量的演讲稿例文、详细的演讲稿写作指引、精彩的演讲视频以及精美的演讲 PPT 模板等丰富的资料。这些资料旨在从不同角度为学生提供演讲知识与技巧的学习范例和指导，助力学生快速入门并深入理解演讲艺术。

（2）学生深入钻研自主学习资源包里有关演讲的知识，充分整合之前通过各种渠道搜集的资料、访谈记录以及自身对 “信” 的独特认识，精心撰写一篇时长约 3 分钟的演讲稿。在撰写过程中，学生需运用生动的语言、真实的事例以及深刻的感悟来准确表达自己对 “信” 的含义的深刻理解以及对其重要性的透彻认识，力求演讲稿既富有思想深度又具有感染力。

**2.小组演讲，共同备赛**

（1）学生充分利用课后服务时间，以小组为单位在学生活动室开展紧张而有序的备赛活动。各小组首先对成员撰写的演讲稿进行集体讨论与筛选，确定最终参赛演讲稿，并依据演讲内容精心制作配合演讲的幻灯片。在制作过程中，小组成员充分发挥各自的创意与特长，从图片选择、文字排版到动画效果设计等方面都力求精益求精，以增强演讲的视觉吸引力。

（2）小组成员依次进行脱稿演讲练习，在练习过程中，注重从眼神交流、舞台走位、手势运用到语气语调的把握等各个细节进行反复琢磨与调整。同时，全程进行录像，以便在演讲结束后能够通过观看录像进行自我反思与小组互评，及时发现并纠正存在的问题。小组选派一位综合素质最为突出的代表参加班级演讲比赛，全体成员齐心协力从演讲稿的深度优化到幻灯片的完美呈现，从演讲者的舞台表现到每一个细微动作与表情的雕琢，进行全方位精心打磨与提高。教师在此过程中提供专业的演讲比赛评分表，供小组同学对照标准细致地提升参赛作品，确保每个小组的参赛作品都能达到较高的水平。

**3.演讲比赛，我是评委**

（1）小组代表在班级中正式参加演讲比赛，此次活动由学生自主组织策划，充分发挥学生的主观能动性与组织协调能力。活动前，提前进行抽签确定演讲顺序，各参赛选手做好相应的准备工作。活动现场设置主持人负责流程把控、有详细的评分表确保评分的客观性与公正性、有计时员严格控制演讲时间，整个活动组织有序，严谨规范。

（2）学生们在比赛过程中既是赛手又是评委，这种角色的双重性能够促使学生更加深入地理解演讲的标准与要求，同时也培养了学生的公平竞争意识与批判性思维。学生根据参赛选手的现场表现，依据评分表中的各项标准，如演讲内容的丰富性与深度、演讲技巧的娴熟运用、舞台表现的感染力等，进行客观公正的打分。打分结束后，由专门的计分员进行分数统计与整理，评选出本次演讲比赛的一、二、三等奖及优秀奖获得者。

**4.教师点评，深化主题**

（1）教师对本次活动中涌现出的优秀做法及时给予肯定与表扬，对存在的不足之处提出明确的要求与殷切的希望。在总结过程中，教师着重肯定同学们通过一系列活动对诚信重要性所达成的深刻认识，同时呼吁学生积极开展诚信行动，将“诚信”这一中华民族的传统美德以及社会主义核心价值观切实落实到日常生活的点点滴滴中。

（2）学生根据教师的要求，认真撰写“五条诚信行动”计划，在小组内进行公开宣告并上交备案。小组内部建立日常督促机制，成员之间相互提醒、相互监督，确保诚信行动能够得到有效执行。在学期末，小组依据预先制定的量化考核标准，为每位成员的诚信行动进行客观公正的量化打分，打分结果将作为学生综合素质评价的重要参考依据之一，以此激励学生持续保持诚信行为，不断提升自身的诚信品质。

设计意图：本活动设计意图在于，以丰富多元形式助力学生深度理解诚信。借自主学习与演讲，深化认知；小组协作备赛比赛，培养综合能力。通过制定诚信行动及班级论坛，推动知行转化，将诚信融入生活。旨在全方位塑造学生诚信的品格，使其成为诚信践行者与传播者，构建良好道德生态。

## 四、活动归纳

教师对“诚信”系列主题活动进行归纳与总结，引领学生理解活动的主题。并表扬学生“从自主学习演讲知识到小组合作备赛演讲，从班级演讲比赛的激烈角逐到诚信行动的具体落实，再到班级论坛对诚信内涵的深度拓展，学生们在“知”与“行”的双向轨道上都取得了显著的进步”。

在活动过程中，学生们不仅在知识层面深刻理解了诚信的含义与重要性，更在实践层面逐步养成了诚信的行为习惯，同时在团队协作、沟通交流、自我表达等多方面能力也得到了有效锻炼与提升。希望同学们能够以此次活动为契机，将诚信作为人生的宝贵财富，始终坚守并积极传播，在未来的学习、生活乃至社会交往中，持续践行诚信原则，为构建更加诚信、和谐、美好的社会贡献自己的力量。

## 五、课后延神

开展诚信故事征文比赛，动员学生用心挖掘身边诚信事例，或书写自身感悟。以细腻笔触描绘诚信点滴，形成精彩文章后在班级展示分享，让诚信故事传递温暖与力量，让更多同学从中汲取诚信养分。

设计意图：本活动进一步激发学生对诚信的深入思考与创作热情，使他们在文字创作中再次梳理对诚信的理解。通过展示分享，拓宽同学们的视野，强化诚信意识在群体中的传播，让诚信理念深深扎根于学生们的心灵深处，持续影响其行为举止。

# 第二节　“让生命教育在现场”班会课教学设计

**【班会背景】**

生命教育是落实以人为本教育理念的重要支架。《国家中长期教育改革和发展规划纲要》提出，要始终把教育摆在优先发展的位置，重视生命教育。

适逢新型冠状病毒疫情肆虐，青少年在现实困境中，表现出焦虑与惶恐，如果无法得到积极的引导，势必产生难以磨灭的影响，作为教育工作者，关注青少年的思想状况与心理动态，以班会课的形式帮助青少年正确认识自己与自然生命的关系、认识个体与社会的关联；引导青少年理性看待疫情，树立健康、积极的生命观；提升生命质量，形成健全人格，探寻生命意义。

**【活动理念】**

大卫·库伯提出，学习是一个整合了感知、观察、抽象与应用四个方面的过程，并创建了经典的体验式学习的理论模型（图11–2）。

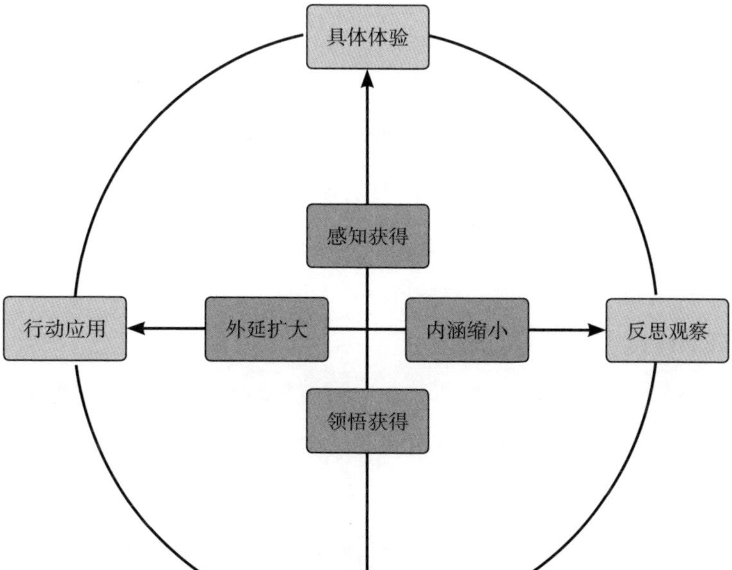


**图11–2　体验式学习理论模型图**

具体体验——搭建个人体验与社会现象、社会认知的桥梁。

观察反思——对体验活动进行观察和反思，形成富有意义的结论。

抽象概括——运用符号表征进行解读，抽象形成概念和理论。

行动应用——检验建立在预设的概念或理论，并解决实践中的问题。

采用戏剧表演的形式，引导学生在角色扮演中感知体验，多角度观察，深层次反思，产生同理心，并探寻解决问题的方式与策略，切合青少年身心发展规律，也契合体验式学习理论的科学意蕴。

【活动重难点】

重点：基于学生的内在心理诉求，采用戏剧表演的形式，激发学生的积极情绪、积极力量，树立积极而理性的生命价值观。

难点：创设丰富的心理情境，帮助学生在体验过程中自然而巧妙地感悟、联接、迁移、塑造。

【学情分析】

初中一年级学生个体身心加速发展，自我评价的稳定性与积极性增强，是健康人格形成的关键时期，但这一时期身心发展不平衡，有明显的受暗示性与独断性，特别是面对新型冠状病毒疫情的肆虐，极容易受到大众语境的影响，陷入焦虑与惶恐的情绪中。因此，以戏剧表演的形式引导学生领悟、接纳、改变，帮助学生形成积极而理性的生命价值观是及时而必要的。

【活动时间】

40分钟。

【环节设计】

第一环节：问题创设。教师和学生课前共同商定议题，能使问题在班会课聚焦。商定的过程，其实是情境问题创设，能让学生形成体验的情境，这样也能激发学生探索的学习动机。

第二环节：角色选择。学生小组形式讨论角色扮演的过程，实际上是让学生感知角色，明确角色的特性。

第三环节：布置剧场。这个环节看似微不足道，实际上是在让学生进一步感知情境，引导学生进一步探索情景。

第四环节：小组讨论。通过小组讨论的形式，让表演者融入，创设情景，捕捉情感。

第五环节：观察者立场。观察者是剧情的参与者，只是立场不同，要明确观察的任务，并进行思考。

第六环节：进行表演。

第七环节：讨论聚焦。师生共同讨论与评价表演环节，并形成观点聚焦。

第八环节：概括提炼。将问题情境与现实困难进行关联，并抽象形成解决行为的原则与策略。

**【活动准备】**

（1）提前调研，确定班会课主题，更细致了解学生的心理状态：面对疫情，你的真切感受是什么？你自己和身边人有哪些表现？选取一个让你情绪波动或心理影响较深的事件，并对此进行描述。采用电子问卷形式匿名调查，使学生放下心理防御，有利于调查采样的真实性。

（2）对教室进行主题布置，教室分为冬季和春季两个区域，冬季以冷色调为主，突出萧瑟、寒冷的特点；春季以暖色调为主，营造盎然、明媚的氛围。

（3）学生需要准备的道具为钥匙卡片和门锁卡片，材质选取以纸质或KT板为主，以便学生在卡片上书写；在颜色上，钥匙卡片的底色建议为绿色，寓意希望、平和、力量；门锁卡片的底色建议为黑色或灰色，寓意沉重、阻隔、寒冷。

（4）活动开始时，学生在冬季区域就座。

**【教学实录】**

### （一）经历与体验

#### 1.教师活动

（1）教师根据前期的调研，明确此次班会课的议题为“困境中的那个人”。

（2）教师运用PPT画面，结合背景音乐，有感情诵读新型冠状病毒肺炎的描述性事件，描述新型冠状病毒疫情对我们的影响。诵读完后，请同学们思考：疫情之中，有一个“困境中的人”，你能联想或想象到的情景是什么？

**2.学生活动**

同学们倾听后，要求运用联想或想象的手法将情境描绘在门锁卡卡片上，并对案例中的人物名字进行虚拟化处理。

设计意图：引导学生从狭隘的单一角色中走出来，以更广泛的视角关怀、关切周围的人和事，领悟每个生命都有独特的历史，每个人同世界有着千丝万缕的关联，并以同理心去理解“困境中的那个人”，开启深沉的生命思考。

## （二）观察与反思

**1.教师活动**

（1）组织学生以小组为单位，讨论推荐产生一位学生代表，表演“困境中的那个人”。

（2）教师对表演细节进行说明，并就学生彩排进行指导。

**2.学生活动**

（1）以小组为单位进行充分讨论，推荐产生一名学生代表。

（2）小组代表进行彩排，小组其他成员进行指导与协助。

（3）小组代表正式进行表演，表演者在表演结束后进行动作定型。

（4）其他同学在观看过程中，多角度观察戏剧中人物的表情与动作，思考我该怎么办？

设计意图：演员用动作、语言表达情境，多角度展现疫情下个体的心路历程；其他学生是参与者、协助者、体验者的角色，教师鼓励并引领学生去思考生命的本质，去挖掘生命中“被隐藏”的积极因素，这一过程是学生思索与建构生命观的重要过程。

## （三）归纳与概括

**1.教师活动**

（1）教师提出问题，我们该如何帮助“困境中的那个人”？

（2）教师以用PPT形式温馨提示，以“心理小贴士”呈现。

①倾诉：当焦虑、痛苦等情绪来时，倾诉让你找到情绪的出口；②陪

伴：你可以被看见、被接纳，彼此支持与鼓励；③俯瞰：世事可大可小，眼前巨大的事情，如果从很高的地方来看，它会很小；④品味：沉浸其中，慢慢咀嚼，品味生活中的小幸福，放大那一刻的美好……⑤注入：不妨去做些善良的事，你获得的每一声“谢谢”，都将注入你生命的阳光；⑥好奇：只要你有一双善于发现的眼睛，就会获得无限乐趣……

**2.学生活动**

通过观察与反思，结合教师的讲解，同学们以小组为单位进行讨论，并将自己的建议写在钥匙卡上。

设计意图：引领学生抽离问题情景，回到现实语境中，而学生写下建议的过程则是一个重新梳理自己、审视自己的过程，以积极的心态参与，并形成富有意义的结论，进一步加深对生命教育的本质理解。

### （四）尝试与生成

**1.教师活动**

（1）教师邀请学生进行表演与分享。

（2）当表演结束后，教师亲切感谢“灾难中的那个人”，并告诉他（她）抽离扮演角色：你不是那个困境中的人，因为你有积极的钥匙。

（3）教师对活动进行点评与升华。强调“行动”和“尝试”的重要性，这是心理层面的强大动力，是无比珍贵的生命景象。

**2.学生活动**

（1）小组每个学生用钥匙当作礼物，伸出友爱之手，将礼物送给“灾难中的那个人”。

（2）“灾难中的那个人”用钥匙打开了门锁，和大家手牵着手一起步入春季区域。

（3）活动结束后，每个学生自由分享今天活动的收获。

设计意图：学生在自己和他人帮助下走出寒冷的冬季，体验春色的明媚，这一过程充分地反映了学生内心情感的积累，揭示生命教育的丰富意蕴，是学生生命价值观在实践情境中的有效尝试与顺性生成。

【教育反思】

1.如何确定教育主题

让生命教育贴近时代，新型冠状病毒疫情凸显了开展生命教育的紧迫性与必要性。生命教育不单是传授知识，也不单是传授生存技巧，更在于引导学生尊重自然，敬畏生命，理解人与社会的复杂关系。以疫情为教材，帮助学生认识每个生命独特的历史，显得弥足珍贵。在教育的契机选择上，如何实现“唯有源头活水来”，离不开对身边“鲜活之事”的观察与思考。

2.如何选择教育形式

让生命教育在现场，用生命去影响生命，促成生命间的交流，直抵人性最深处。通过戏剧表演搭建学生与社会对话的桥梁，进而生成个人生命与他人生命、与世界的关联的智慧，让学生在生活中通悟生命教育的智慧，不断超越现实生成新的自我。但采取什么样的教育形式却“千秋各具”，学生对于“高调式”的说教、训导不感兴趣，对于“苦口婆心”式的劝导早已“双耳生茧”，那么教师该如何“量体裁衣”呢？通过什么样的教育形式，让学生既能喜闻乐见、入脑入心，又能润物无声、雁过留声呢？

3.如何检验教育效果

教育活动是一种生动的教育方式，实施的过程中，要求教师心中了解学生，与学生融洽地交流，让真实、真诚、真情占据学生的心灵，并且总结评价及时，才有可能保证活动的有效进行，取得预期的教育效果。经常看到一些主题活动，整个过程非常精彩有序，可就是看不懂活动意义何在，活动过后，学生很少有什么感受，只是看了个热闹，这样的活动就是缺乏教育性，防止活动目标过于显露，使活动变成一种说教。

# 第三节 “面对挫折”班会课教学设计

【班会背景】

挫折是初中学生成长过程中必然会遇到的，尤其对于初一学生，他们刚从相对轻松的小学环境过渡到初中，在学业、人际关系等方面面临诸多新的困难，可能因缺乏应对经验而受到挫折的负面影响。例如，许多学生在小学成绩优异，但初中课程难度增加、学习科目增多后，成绩出现下滑，这可能导致他们产生自我怀疑、沮丧等情绪。开展此次班会，旨在帮助初一学生正确认识挫折，掌握应对挫折的有效方法，增强心理韧性，促进其健康成长。

【活动理念】

依据体验式学习理论，通过让学生参与基于真实案例的角色扮演、情境模拟等活动，引导他们在实践中感知挫折、观察不同应对方式的效果、反思并抽象出应对挫折的策略，最终将其应用到生活中。这种方式贴合初一学生的认知特点和心理需求，使他们在活动中获得深刻的体验，形成积极应对挫折的态度和能力。

【班会重难点】

重点：围绕具体案例，引导学生深入理解挫折对个体的影响，以及积极应对挫折的重要性。通过多样化的活动形式，帮助学生掌握应对挫折的实用方法，如调整心态、寻求支持、制订计划等。

难点：依据初一学生的心理特点，创设真实且能引发共鸣的挫折案例情境，使学生能深刻体验挫折，并自然地将情境中的应对方法迁移到实际生活中。在活动过程中，引导学生克服面对挫折时的消极情绪，培养他们坚韧不拔的精神和主动解决问题的能力。

【学情分析】

初一学生正处于身心发展的关键时期，自尊心逐渐增强，但心理承受能力相对较弱。在新的学习环境中，学业竞争压力增大，部分学生可能因一次考试失利而情绪低落，甚至对学习失去信心。同时，在人际关系方面，与新同学相处可能出现摩擦，若处理不当，也会成为挫折源。他们需要在这个阶段学会正确应对挫折，提升心理适应能力，以更好地适应初中生活。

【教学准备】

提前收集学生在学习和生活中遇到挫折的真实案例，整理出“小雅的烦恼”这一具有代表性的案例，包括详细的背景信息、挫折表现和心理变化。

准备一些简单的道具材料，如纸张、彩笔、卡片等，供学生制作表情卡片、小道具等，以增强场景布置和角色扮演的效果。

对教室空间进行规划，预留出足够的空间用于场景布置和表演。

【活动时间】

40分钟。

【环节设计】

1.案例导入与问题提出环节

教师以“小雅的烦恼”这一真实案例引入班会，讲述小雅从小学到初中后，因课程增多、难度加大，成绩从优秀变为中等，同时在新班级没有好朋友，感到孤独和失落，从而提出问题：“如果你是小雅，你会有什么感受？你觉得他该怎么办？”引发学生对挫折情境的思考和讨论，激发他们探索应对方法的兴趣。

2.角色分析与选择环节

教师展示小雅在不同场景（如课堂、课间、家里）下因挫折而产生的心理和行为表现，引导学生分组讨论，每个小组选择一个场景，确定在该场景中需要扮演的角色（小雅、同学、老师、家长等），并分析角色特点，如小雅的沮丧、同学的不同态度、教师的关心、家长的担忧等，为角色扮演做准备。

3.场景布置与情境深化环节

学生根据所选场景，利用教室中的桌椅、文具等物品，结合简单的自制道具（如代表小雅心情的表情卡片），布置相应的场景。在布置过程中，进一步理解场景中的挫折氛围和角色关系，深化对挫折情境的感知。

4.小组讨论与情感共鸣环节

小组成员在布置好的场景中，围绕角色在挫折情境中的情感变化展开讨论，分享自己类似的经历和感受，帮助表演者更好地理解角色的内心世界，使表演更具感染力，同时在小组内形成情感共鸣，增强对挫折影响的认识。

5.表演与观察环节

各小组进行角色扮演，展示小雅在挫折中的生活片段。未参与表演的学生作为观察者，带着教师提出的问题（如角色在挫折中的情绪表达是否真实、应对方式是否合理等）认真观看表演，记录细节，为后续讨论积累素材。

6.讨论与评价环节

表演结束后，教师引导学生展开讨论。先请表演者分享表演中的体验和对挫折的理解，然后组织其他学生评价表演的优点和不足，重点讨论角色在挫折情境中的应对方式，分析哪些是有效的，哪些需要改进。

7.方法提炼与拓展环节

教师引导学生结合讨论结果，从表演案例中提炼出应对挫折的方法，如小雅可以向教师请教学习方法（寻求支持）、制订学习计划（制订计划）、主动和同学交流（调整心态）等。同时，鼓励学生拓展思维，思考还有哪些其他可能的应对策略，并与自己的生活实际相联系。

8.总结与应用环节

教师总结本次班会的重点内容，强调挫折是成长的机遇，积极应对挫折的重要性。鼓励学生在今后学习、生活中，当遇到类似挫折时，运用所学方法勇敢面对，并制订一个简单的个人应对挫折计划（如在纸上写下当自己考试失利或和同学闹矛盾时的应对步骤），将应对挫折的方法内化为自己的行动。

【教学解析】

1.案例导入与问题提出

教师开始讲述案例："同学们，今天我们来聊聊小雅的故事。小雅在小学的时候成绩一直非常优秀，是老师眼中的好学生，同学眼中的学霸。可是，上了初中之后，情况发生了变化。初中的课程增多了，难度也比小学大多了，小雅发现自己越来越吃力。第一次月考成绩出来后，他的成绩只是中等水平，这对他来说是个很大的打击。而且，在新的班级，大家都有自己原来的朋友，小雅感觉自己很难融入，课间总是一个人，他觉得很孤独，很失落。你们想想，如果自己是小雅，会有什么样的感受呢？你觉得他应该怎么办呢？"

教师引导学生思考，鼓励他们举手发言，分享自己的想法。

学生活动：学生们认真倾听案例，开始设身处地地为小雅着想。有的学生说会很伤心，很沮丧，有的说可能会不想上学了。对于怎么办的问题，学生们提出了一些初步的想法，如努力学习、主动和同学说话等。

设计意图：通过真实案例引入，让学生迅速进入情境，引发情感共鸣，激发他们对挫折问题的关注和思考，为后续活动奠定基础。

**2.角色分析与选择**

教师活动：教师通过多媒体展示小雅在不同场景中的具体表现，如在课堂上听不懂老师讲的内容时的困惑表情、课间看着同学们玩耍自己却孤单一人的落寞背影、回到家面对父母询问成绩时的沉默和难过等画面。

提出问题："我们可以看到小雅在不同场景下都很难受，那我们现在分组来讨论一下，如果要把这些场景表演出来，每个场景里都有哪些角色呢？这些角色都有什么样的特点呢？"然后引导学生分组，每组5~6人。

学生活动：学生分组后，针对教师展示的场景展开热烈讨论。例如，对于课堂场景，他们确定有小雅、教师和周围的同学这些角色。他们分析小雅的角色特点是沮丧、困惑，不知道该怎么学习；教师可能是关心但没有注意到小雅的特殊情况；周围同学有的在认真听讲，有的可能会嘲笑小雅成绩下降。每个小组根据自己选择的场景深入分析角色特点，为角色扮演做好准备。

设计意图：通过分析角色特点，让学生更深入地理解挫折情境中不同人物的心理和行为，培养他们的同理心和分析能力，同时为角色扮演明确方向。

**3.场景布置与情境深化**

教师活动：教师在各小组间巡视，为学生提供一些场景布置的建议，如："同学们，你们可以用桌椅来模拟教室的座位，用彩笔画一些简单的书本和试卷放在课桌上，表现出学习的氛围哦。"

鼓励学生发挥创意，根据角色特点和情节需要，合理利用道具材料来营造场景氛围。

学生活动：学生们积极行动起来，根据教师的建议和自己的想法布置场景。布置课堂场景的小组，他们把桌椅摆成教室的样子，在课桌上放上画有难题的纸张，还制作了代表小雅心情的表情卡片（如愁眉苦脸的表情）放在

"小雅"的座位上。在这个过程中，学生们更加深入地感受到了挫折情境的氛围，对角色和情节有了更直观的理解。

设计意图：场景布置活动让学生亲身体验挫折情境的营造，增强他们在情境中的代入感，使他们更好地理解和表现角色在挫折中的状态，同时培养学生的动手能力和团队协作精神。

#### 4.小组讨论与情感共鸣

教师活动：教师参与各个小组的讨论，引导学生分享自己类似的经历和感受，提出问题："你们有没有像小雅一样在学习或者和同学相处中遇到困难的时候呢？那时候你们是怎么想的？和小雅的感觉像吗？"

鼓励小组成员之间互相倾听和交流，营造一个安全、开放的讨论氛围，让学生能够充分表达自己的情感。

学生活动：学生们开始分享自己的经历，有的说自己刚上初中时数学成绩下降，感觉很迷茫；有的说在新班级没有朋友，很孤单。大家在分享过程中发现彼此有很多相似的感受，这不仅加深了对小雅角色的理解，也在小组内形成了情感共鸣，更加深刻地认识到挫折对自己和他人的影响。

设计意图：通过分享相似经历，让学生在小组内找到情感支持，增强对挫折影响的认识，同时为表演者更好地诠释角色提供情感依据，使表演更能打动人心。

#### 5.表演与观察

教师活动：组织学生开始表演，提醒学生注意表演的节奏和情绪表达。在表演过程中，教师认真观察每个学生的表现，记录下表演中的精彩之处和需要改进的地方。同时，确保其他学生在观看表演时保持安静，专注于表演内容。

学生活动：表演者们根据小组讨论的结果和自己对角色的理解，全身心地投入表演中。他们生动地展现出小雅在挫折中的各种场景，如在课堂上因回答不出问题而脸红、在课间试图和同学交流却被忽视等。其他学生则认真观看表演，被表演所吸引，随着剧情的发展，更加深刻地感受到挫折情境的真实和复杂。

设计意图：表演是本次活动的核心环节之一，通过学生的亲身表演，将之前讨论和准备的挫折情境直观地呈现出来，让所有学生都能更深入地理解挫折对人的影响，同时培养学生的表演能力和自信心。观察者通过观看表演，为后续的讨论和评价积累素材。

**6.讨论与评价**

教师活动：表演结束后，教师首先请表演者分享自己在表演过程中的感受，如扮演小雅的学生可能会说："我感觉小雅真的很不容易，我在表演的时候都觉得很压抑。"

然后引导其他学生对表演进行评价，提出问题："大家觉得他们表演得怎么样？哪些地方表现得很好？有没有什么地方可以改进呢？特别是在面对挫折的表现和应对方式上，你们有什么看法？"鼓励学生积极发言，从不同角度进行评价。

学生活动：表演者分享自己的体验后，其他学生开始踊跃发言。有的学生评价表演很真实，比如，表演者把小雅的沮丧和孤独表现得很到位。在应对方式的讨论上，学生们指出小雅在表演中没有主动向教师和同学求助是不太好的，应该更加积极地去解决问题。通过这种讨论，学生们从表演中进一步分析了挫折情境下的应对策略。

设计意图：通过讨论和评价表演，让学生在交流中深化对挫折应对方式的理解，挖掘表演中所蕴含的教育信息。教师引导学生从不同角度思考，培养学生的批判性思维和分析问题的能力。

**7.方法提炼与拓展**

教师活动：教师引导学生结合讨论结果，从表演案例中提炼应对挫折的方法，在黑板上记录下来。例如，教师说："从刚才大家的讨论中，我们可以看到小雅向老师请教学习方法，这是一种应对挫折的方式，我们可以把它叫作寻求支持。还有哪些方法呢？"

鼓励学生拓展思维，提出更多可能的应对策略，如调整心态方面可以是自我鼓励、积极参加集体活动；制订计划方面可以是制订每天的学习计划、社交计划等。同时，引导学生将这些方法与自己的生活实际相联系，思考在自己遇到类似挫折时如何运用。

学生活动：学生们积极参与方法的提炼和拓展，根据表演案例和自己的生活经验，提出各种应对挫折的方法。他们思考这些方法在不同场景下的应用，如在学习上遇到挫折可以像制订学习计划那样去应对，在人际关系上遇到挫折可以通过参加集体活动来改善。

设计意图：通过从案例中提炼方法并拓展思维，帮助学生将具体的表演情境与应对挫折的一般方法相结合，培养学生的归纳总结能力和创新思维，使他们能够掌握更多应对挫折的策略，并应用到实际生活中。

**8.总结与应用**

教师活动：教师对本次班会进行总结，强调挫折是我们成长过程中不可避免的一部分，但我们可以通过积极的方式应对它。“同学们，就像我们今天讨论的小雅的故事一样，挫折可能会让我们难受，但只要我们勇敢面对，像我们总结的那些方法一样去做，就一定能够克服挫折，让自己变得更强大。”

鼓励学生在今后生活中，当遇到类似挫折时，运用所学方法勇敢面对。要求每个学生在纸上写下一个简单的个人应对挫折计划，比如，当自己考试失利或和同学闹矛盾时的应对步骤，如先冷静下来（调整心态），然后分析原因（制订计划），如果需要就向老师或朋友求助（寻求支持）等。

学生活动：学生们认真聆听教师的总结，将应对挫折的方法牢记于心。然后，他们在纸上写下自己的应对挫折计划，思考如何在实际生活中应用这些方法，将所学内容内化为自己的行动，增强面对挫折的信心。

设计意图：教师的总结强化了学生对挫折的正确认识和应对挫折的重要性，学生制订个人计划则是将所学知识应用到实际生活的具体实践，有助于培养学生的自我管理能力和积极应对挫折的习惯。

**【教学反思】**

本次班会以“面对挫折”为主题，基于对初一学生在新环境中普遍面临挫折问题的观察。通过选择“小雅的烦恼”这一具体案例，涵盖了学业和人际关系两个主要的挫折领域，具有很强的代表性。这种基于真实案例的主题设计能够让学生切实感受到挫折就在身边，从而引起他们的高度关注和积极参与，使教育主题更具针对性和教育意义。

采用围绕案例的角色扮演、情境模拟等教育形式，是因为这种方式符合初一学生的学习风格和心理特点。初一学生活泼好动，喜欢参与实践活动，通过角色扮演，他们能够身临其境地体验挫折情境，更加深刻地理解挫折对人的影响。在情境模拟过程中，学生通过讨论、布置场景、表演、评价等一系列环节，主动探索应对挫折的方法，这种体验式学习比传统的说教更能激发学生的学习兴趣和主动性，同时也有助于培养学生的团队协作能力、沟通能力和解决问题的能力。

为了检验教育效果，在班会过程中通过观察学生的参与度、发言质量、表演表现等方面来评估他们对挫折问题的理解和应对方法的掌握程度。在班会课后，可以通过与学生的交流、让学生分享自己在遇到新挫折时的应对经历、检查学生制定的应对挫折计划的执行情况等方式，进一步了解学生是否将所学方法运用到实际生活中。此外，还可以观察学生在长期学习和生活中面对挫折时的态度和行为变化，以此来全面评估本次班会对学生挫折教育的效果，以便在今后的教育教学中进一步改进和完善挫折教育的内容和方法。

# 第四节　“认识你自己”班会课教学设计

【班会主题】

认识你自己。

【班会背景】

在青少年的成长过程中，自我认知是一个关键环节。许多学生在这个阶段对自己的兴趣、能力、性格特点等缺乏清晰的了解，这可能导致他们在学习、人际交往和未来规划中出现迷茫。本次主题班会旨在通过活动育人的理念，引导学生深入探索自我，提高自我认知水平。

【教学目标】

1.知识与技能目标

学生能够理解自我认知的重要性和内涵；掌握至少三种认识自己的方法，如自我评价、他人评价、自我反思等。

2.过程与方法目标

通过参与各种活动，培养学生观察、分析和表达能力；学会运用所学方法客观地认识自己的优点和不足。

3.情感态度与价值观目标

激发学生积极探索自我的兴趣，增强自信心；引导学生接纳自己，包括自身的缺点，培养积极向上的人生态度。

【教学准备】

制作多媒体课件，包括相关的图片、视频、测试题等资料。

准备活动所需的道具，如纸、笔、卡片、眼罩等。

提前一周布置学生收集自己不同时期的照片，并写一篇关于“我眼中的自己”的短文（200~300字）。

将教室桌椅摆放成便于小组活动的形式。

【教学流程】

## （一）导入

### 1.播放视频片段

播放一段古希腊神庙“认识你自己”的视频，引出班会主题。视频内容包括神庙的历史背景以及“认识你自己”这句箴言在哲学史上的重要意义，引起学生对自我认知这一古老而深刻话题的关注。

### 2.提问引导

教师提问：“同学们，你们有没有想过自己是一个什么样的人呢？在生活中，我们常常在评价别人，但对于自己，我们真的了解吗？”引导学生思考自我认知的问题，激发他们参与班会的兴趣。

## （二）自我探索之旅

### 1.我的成长足迹

活动内容：学生分组（每组5~6人），在小组内分享自己带来的不同时期的照片，并讲述照片背后的故事以及当时自己的特点、喜好等。通过回忆成长经历，让学生初步梳理自己的变化和成长轨迹。

引导思考：教师在各小组巡视，适时提问：“从这些照片中，你发现自己最大的变化是什么？这些变化对你有什么影响？”引导学生思考成长与自我认知的关系，鼓励学生积极发言。

### 2.自我评价

活动内容：每位学生拿出之前写好的“我眼中的自己”短文，在小组内朗读，然后小组成员互相交流，提出问题和建议。之后，学生根据小组讨论的结果，修改自己的短文，进一步完善自我评价。

引导思考：教师引导学生思考：“在自我评价的过程中，你有没有发现一些自己以前没有意识到的优点或不足？他人的建议对你有什么启发？”帮助学生理解自我评价的多角度性和重要性。

### 3.他人眼中的自己

活动内容：每位学生抽取一张卡片，在卡片上写下自己对小组内另一位同学的印象和评价（匿名），评价内容包括优点、不足和建议。写完后，将卡片收集起来，打乱顺序，再分发给每位学生。学生阅读自己收到的卡片内容，并思考他人对自己的评价。

引导思考：教师提问："看到他人对你的评价，你有什么感受？哪些评价是你认同的，哪些是你感觉意外的？"引导学生通过他人评价来更全面地认识自己，同时学会客观对待他人的意见。

### （三）认识自己的方法

#### 1.趣味测试

活动内容：教师在多媒体上展示一个简单的性格测试题（例如：MBTI简化版），学生完成测试后，根据测试结果了解自己可能的性格类型和特点。

引导思考：教师引导学生讨论："你觉得这个测试结果准确吗？为什么？这种测试方法有什么优点和局限性？"让学生明白心理测试是一种认识自己的途径，但不能完全依赖。

#### 2.自我反思

活动内容：教师展示一些问题，如"在最近一次的困难面前，我的表现如何？从中我学到了什么？""我的兴趣爱好对我的生活有什么影响？"等，让学生在纸上写下自己的答案，进行自我反思。

引导思考：教师提问："通过自我反思，你对自己有了哪些新的认识？自我反思在我们认识自己的过程中有什么作用？"帮助学生掌握自我反思这一重要方法。

#### 3.总结方法

教师与学生一起总结认识自己的方法，包括自我评价、他人评价、自我反思、心理测试、回顾成长经历等，并强调每种方法的特点和注意事项。

### （四）接纳自己

#### 1.优点大轰炸

活动内容：再次分组，每组推选一名代表。其他小组成员轮流说出该代表的优点，尽量不重复。被称赞的同学要认真倾听，并记录下大家提到的优点。之后，小组内每位同学都轮流接受“优点大轰炸”。

引导思考：教师提问：“在接受大家的称赞时，你有什么感受？你以前是否意识到自己有这么多优点？”引导学生关注自己的优点，增强自信心。

**2.面对不足**

活动内容：学生在纸上写下自己的一个不足之处，然后与同桌交换。同桌要为对方提供至少三条改进的建议，并互相鼓励。之后，教师邀请几位同学分享自己的不足之处和收到的建议。

引导思考：教师引导学生思考：“每个人都有不足，我们应该如何看待自己的不足？怎样将不足转化为成长的动力？”帮助学生学会接纳自己的不足，并积极寻求改进的方法。

## （五）制订自我成长计划

**1.活动内容**

学生根据本次班会对自己的新认识，制订一份自我成长计划。计划包括短期目标（本学期）和长期目标（未来一到两年），以及实现目标的具体措施，如培养新的兴趣爱好、改进学习方法、提高人际交往能力等。

**2.分享交流**

邀请几位学生上台分享自己的自我成长计划，其他同学可以提出问题和建议。通过交流，让学生互相学习，进一步完善自己的计划。

## （六）总结

**1.教师总结**

教师对本次班会进行总结，强调认识自己是一个持续的过程，希望同学们在今后的生活中能够不断探索自我，接纳自己，朝着自己的目标努力成长。同时，鼓励学生在遇到困难或困惑时，运用今天学到的方法重新审视自己。

**2.结束活动**

播放一首积极向上的歌曲（如《阳光总在风雨后》），在轻松愉快的氛围中结束班会。

**【班会延伸】**

（1）在班级内设置一个“成长足迹”专栏，学生可以将自己在自我成长过程中的心得、新的照片等张贴在专栏内，与全班同学分享自己的成长。

（2）定期组织小型的分享会，让学生交流在自我认知和成长过程中的新发现和新感悟。

（3）鼓励学生在日常学习和生活中，运用班会中学到的方法，持续进行自我反思和改进，并记录在个人成长日记中。

## 第五节 “我的未来不是梦”班会课教学设计

【班会背景】

初中二年级的学生正处于青春期，身心发展迅速，开始对自己的未来有了更多的思考。然而，在这个阶段，他们也容易受到外界环境的影响，产生迷茫、困惑等情绪。有些学生可能缺乏明确的目标，对学习和生活缺乏动力；有些学生虽然有梦想，但可能不知道如何去实现。因此，开展本次以梦想为主题的班会课，旨在引导学生明确自己的梦想，激发他们为梦想努力奋斗的动力，帮助他们树立正确的人生观和价值观。

【学情分析】

1.心理特点

初二学生在心理上逐渐从幼稚向成熟过渡，自尊心和自我意识增强。他们渴望得到他人的认可和尊重，对于未来有着美好的憧憬，但往往又因为现实中的困难和挫折而感到迷茫。

2.认知水平

在知识储备方面，他们已经具备了一定的理解能力和思考能力，但对于抽象概念如梦想的内涵和实现途径等，还需要进一步引导和深化。他们对成功人士的事迹有一定的了解，但可能缺乏深入分析和从中汲取经验的能力。

3.学习情况

学习压力逐渐增大，部分学生可能会因为成绩不理想等原因而对学习产生消极情绪，甚至放弃追求梦想。需要通过本次班会让学生认识到梦想与学习的紧密联系，鼓励他们克服困难，坚持梦想。

【班会目标】

1.知识与技能目标

学生能够理解梦想的含义和重要性；学会制订实现梦想的具体计划和步骤。

2.过程与方法目标

通过观看视频、小组讨论、案例分析等活动，培养学生自主探究和合作交流的能力；引导学生学会运用所学知识和技能，分析自身情况，制定适合自己的梦想规划。

**3.情感态度与价值观目标**

激发学生对梦想的追求热情，增强他们为梦想努力奋斗的动力；培养学生积极向上的人生态度和坚持不懈的精神，让他们明白只要努力，自己的未来不是梦。

**【教学过程】**

## （一）导入

**1.播放视频**

播放一段关于梦想主题的动画短片，如《寻梦环游记》的精彩片段，展现主人公为了追求音乐梦想而经历的奇妙冒险。

**2.提问引导**

视频播放结束后，教师提问："同学们，看完这个短片，你们有什么感受？你们有没有自己的梦想呢？"引导学生分享自己的初步想法，从而引出本次班会的主题——梦想起航：我的未来不是梦。

## （二）梦想是什么

**1.头脑风暴**

让学生进行头脑风暴，思考并写下自己对梦想的理解，可以是一句话、一个词或者一幅简单的图画。邀请几位学生上台分享他们的想法，教师在黑板上记录关键词，如目标、追求、希望、热爱等。

**2.展示图片和故事**

教师通过PPT展示一些不同类型的梦想图片，如科学家在实验室研究、运动员在赛场上拼搏、艺术家在创作等，并讲述一些著名人物实现梦想的简短故事，如爱迪生发明电灯、马云创建阿里巴巴等。在展示和讲述的过程中，引导学生思考这些梦想的共同点和不同点，进一步加深对梦想含义的理解。

## （三）梦想的重要性

**1.小组讨论**

将学生分成若干小组，每组5~6人。给出以下讨论问题："为什么我们要有梦想？没有梦想会怎样？”小组讨论结束后，每组选派一名代表进行发言，分享小组讨论的结果，其他小组可以进行补充。

#### 2.教师总结

教师根据学生的发言进行总结，强调梦想的重要性，如梦想是人生的灯塔，为我们指引前进的方向；梦想能给我们带来动力，让我们在面对困难时坚持不懈；梦想让我们的生活变得有意义等。同时，结合一些现实生活中的例子，如那些没有目标、浑浑噩噩生活的人和有明确梦想并为之努力的人的不同状态，让学生更直观地感受梦想的力量。

### （四）我的梦想

#### 1.个人思考与书写

给学生5分钟的时间，让他们静下心来思考自己的梦想，可以从自己的兴趣爱好、特长、对未来社会的期望等方面入手。要求学生将自己的梦想写在一张纸上，尽量详细地描述梦想是什么，为什么会有这个梦想。

#### 2.分享与交流

邀请部分学生上台分享自己的梦想，其他学生要认真倾听，并在分享结束后给予掌声和积极的反馈。在分享过程中，教师要引导学生尊重每个人的梦想，无论大小、无论是否现实，都值得被尊重和鼓励。

### （五）实现梦想的途径

#### 1.案例分析

教师展示两个不同类型的实现梦想的案例，一个是科学家经过多年艰苦研究取得重大突破的案例，另一个是运动员克服伤病最终在赛场上夺冠的案例。引导学生分析案例中主人公在实现梦想过程中采取了哪些行动，遇到了哪些困难，是如何克服的。

#### 2.小组讨论

再次将学生分成小组，讨论以下问题：“要实现我们的梦想，需要具备哪些条件？我们可以通过哪些途径去实现梦想？”每个小组在讨论结束后，将讨论结果写在一张大纸上，并派代表上台展示和讲解。

#### 3.教师总结

教师根据学生的讨论结果和案例分析，总结实现梦想的途径，如树立明确的目标、制订合理的计划、努力学习知识和技能、培养良好的品德和心理素质、不怕困难和挫折、善于抓住机遇等，强调实现梦想是一个长期而艰苦的过程，需要不断地坚持和努力。

### （六）制订梦想计划

#### 1.梦想计划书模板

教师在PPT上展示梦想计划书的模板，包括梦想名称、梦想描述、长期目标、短期目标、具体行动计划、可能遇到的困难和应对措施等内容。

#### 2.学生制订计划

学生根据自己的梦想，参照模板制订自己的梦想计划书。在制订过程中，教师可以巡视指导，帮助学生解决遇到的问题。

#### 3.分享与修改

邀请几位学生上台分享自己的梦想计划书，其他学生可以提出建议和意见。分享结束后，学生根据反馈对自己的计划书进行修改和完善。

### （七）梦想宣誓

#### 1.集体宣誓

教师带领学生进行梦想宣誓，全体学生起立，右手握拳放在胸前，跟随教师宣读誓言：“我有一个梦想，它是我前进的方向。我将为之努力奋斗，不怕困难，永不放弃。我相信，我的未来不是梦！”

#### 2.总结发言

教师在宣誓结束后进行总结发言，鼓励学生在今后的学习和生活中，要坚守自己的梦想，用实际行动去实现梦想。

### （八）课后延伸

#### 1.梦想展示墙

在教室后面的墙上设置梦想展示墙，让学生将自己的梦想和梦想计划书张贴在上面，时刻提醒自己。

2.梦想跟踪

教师定期与学生交流，了解他们在实现梦想过程中的进展和遇到的问题，给予必要的指导和鼓励。

【教学反思】

通过多样化的教学方法，如视频播放、小组讨论、案例分析、个人分享等，充分调动了学生的积极性和主动性，让每个学生都能参与到班会课的活动中来。从理解梦想的含义、重要性到制订梦想计划，整个教学过程逻辑清晰，层层递进，符合学生的认知规律，有助于学生系统地学习和思考关于梦想的问题，在教学过程中，注重引导学生自主探究和合作交流，培养了学生的多种能力，同时也营造了良好的课堂氛围，让学生在轻松愉快的环境中探索梦想。

但由于时间有限，在小组讨论环节，有些小组可能没有充分展开讨论，导致讨论结果不够深入。在今后的教学中，可以适当增加讨论时间，或者提前安排小组预习相关内容。在学生分享梦想计划书时，虽然有其他学生提出建议，但建议的质量和针对性还有待提高。教师可以在平时加强对学生评价能力的训练，引导学生学会如何提出有价值的建议。对于一些学生比较独特或者不切实际的梦想，在引导和鼓励方面还可以做得更好，避免让学生产生误解或者过度自信。

在下次开展类似活动时，提前合理安排时间，确保每个教学环节都能充分展开。同时，可以在小组中设置组长，负责组织讨论，提高讨论效率。在培养学生评价能力方面，可以开展专门的评价活动，如评价一些优秀的梦想计划书案例，让学生学习评价的方法和标准。对于学生独特的梦想，要给予更多的关注和引导，帮助他们分析梦想的可行性，同时鼓励他们保持创新和探索精神，将梦想与现实相结合。

# 第六节　“近距离的爱”班会课教学设计

**【班会背景】**

初二阶段的学生正处于青春期，身心发展迅速，对异性的好奇与好感逐渐增加。他们熟悉学校环境，没有初三的升学压力，在相对轻松的状态下，情感方面的问题开始凸显。在这个时期，学生可能会因对爱情的懵懂而陷入早恋，表现出在学校里行为举止过于亲密等现象，这不仅影响学习，还可能对班级风气产生不良影响。然而，爱情本身是一个复杂而美好的话题，简单地禁止或说教往往难以取得良好效果，因此需要通过合适的方式引导学生正确认识和对待爱情，把握与异性交往的尺度。

**【教学目标】**

认知目标：学生能够准确理解爱情的内涵，明白爱情需要在合适的环境中呵护，不能随意暴露在公众视野下遭受评判；了解青春期对异性产生好感是正常的生理和心理现象，与激素分泌等因素相关。

行为目标：能识别日常生活中与异性不恰当的交往行为，如过度亲密接触；在与异性交往时，学会保持适当距离，把握好分寸。

情感目标：认同爱情需要忠诚、理智，培养对爱情的尊重和珍惜之情；引导学生将对爱情的美好向往转化为自我提升的动力，为未来美好的爱情做准备。

**【教学准备】**

本次班会旨在为学生营造轻松愉悦的氛围，让他们在积极参与的过程中，正确认识爱情，理解爱情与青春期生理、心理变化的关系。通过各种活动和案例，引导学生意识到在当前阶段与异性交往需保持适当距离，培养他们在面对情感问题时的理智和责任感，以达到让学生学会正确对待爱情、避免早恋负面影响的目的。

组织班级男生录制女生节祝福视频，内容可以包括对女生的赞美、祝福以及一些有趣的互动画面，确保视频温馨、积极向上。

查阅大量心理学相关资料，尤其是关于青春期人际交往距离、爱情与生理心理关系的内容，为班会中的讲解和引导提供科学依据。

在班会课前，将教室座位安排成男女生分开的两队，方便活动开展和讨论。

【教学过程】

## （一）女生节视频导入，愉悦气氛

### 1.教师活动

教师微笑着面对学生，用轻松的语气开场："现在有这么多老师来听课，是不是感觉有点紧张呀？别担心，我们先来放松一下，看一个特别的视频。"然后播放男生为女生录制的女生节祝福视频。播放结束后，询问女生们的感受。

在女生回答后，继续说道："是呀，我也觉得这个视频特别温暖。咱们班男生真的很棒，他们非常积极主动地完成了录制，还精心剪辑了呢。当然，我们班女生也特别好，每次节日都惦记着我，尤其是总操心我的人生大事，希望我能找到幸福。"同时展示学生节日祝语中提及教师找对象内容的图片。

### 2.学生活动

学生们带着好奇和期待观看视频，女生们在看完后积极分享自己的感受，如惊喜、感动、幸福，感受到班级男生的成长和贴心。

设计意图：通过播放学生自制的温馨视频，缓解紧张气氛，拉近师生距离，同时利用男生对女生的"表白"式祝福，为后续关于爱情话题的讨论埋下伏笔，引导学生正确看待异性间的美好情感表达。

## （二）爱情来了怎么办

教师微笑着提问："要是有一天，在茫茫人海中，你看了某个人一眼，然后怦然心动了，这时候你会怎么办呢？"在学生回答后，接着讲解："人在成长过程中，生理发育成熟时，体内激素会发生变化，爱情的产生也和激素有关，比如，苯基乙胺、多巴胺、去甲肾上腺素等。所以，对异性产生好感是很正常的自然反应，不需要害怕。"

进一步询问："不过，遇到这种情况，你们会不会紧张呢？人和动物最大的区别是我们有理智，我们要懂得控制自己的行为。家长和老师都担心你们早恋，你们知道为什么吗？”引导学生思考早恋对学习和未来的影响。

学生观看视频后回答问题，参与关于对异性好感以及早恋问题的讨论，分享自己对早恋影响的理解，如影响学习、影响未来发展等。

设计意图：借助鸟类求偶视频，让学生从生物学角度理解对异性产生好感是正常现象，缓解学生对这种情感的恐惧心理。同时，引导学生思考早恋问题，为后续内容铺垫。

**1.小游戏大智慧——近距离的距离**

教师询问学生：“之前听说要上公开课，你们就好奇是不是讲早恋之类的话题，其实大家对这个话题都挺感兴趣，但又不太敢说，对吧？今天我们来玩一个小游戏。我需要两位帅哥和两位美女上来参加。”等学生推选出来后，让他们带上眼罩，确认看不见后，拉着他们保持一男一女面对面约一米的距离站好，告诉他们注意事项，然后让他们先闭眼，摘掉眼罩再睁眼，询问感受。之后让他们再次带上眼罩，缩短男女同学间距离至约0.5米，重复摘眼罩动作，观察学生反应，并采访他们的感受。

根据学生回答，引导思考：“当距离缩短时，你们有不同的感觉。其实人与人交往是有合适距离的，像刚才一米左右大家觉得还好，0.5米就会尴尬。为什么会这样呢？如果是亲人之间距离近就没问题，可同学之间如果没有亲密关系，距离太近就会尴尬，还可能引来别人的议论。这说明在和异性相处时，距离把握很重要。”

被推选的学生参与游戏，其他同学认真观察。参与游戏的学生分享自己在不同距离下的感受，如尴尬、害怕等，全体学生一起思考距离对人际交往的影响。

设计意图：通过有趣的小游戏，让学生亲身体验不同距离带来的心理感受，引导他们理解人际交往中的“刺猬法则”，明白与异性相处要保持适当距离，避免因距离不当带来尴尬和他人的负面评价。

**2.例举生活现象——明辨是非**

教师：“我们已经知道距离把握不好会尴尬，那大家想想在日常生活中有没有见到过不太恰当的距离呢？”根据学生回答，如提到在公众场合看到情侣亲嘴、女生冲进男生怀里等情况，进一步询问他们的感受和应对方法，如问："看到这种情况你们有什么感觉？如果是你，你会怎么做？"

教师强调："恋爱是美好的，但距离把握不好会有不好的影响，会让自己尴尬，受伤害，还会被别人嘲讽。所以要保持适当距离，让美好一直留存。"

学生回忆并列举生活中见到的不恰当交往现象，分享自己的感受，如尴尬、不舒服等，思考应对方式，意识到要保持距离，保护自己。

设计意图：联系生活实际，让学生思考生活中的不适当交往行为，进一步强化保持适当距离的意识，学会在现实生活中保护自己，避免不良影响。

教师询问学生："大家还记得老覃老师在最后一节课分享的他和小宋姐姐的故事吗？他们交往了8年，但真正在一起才5个月，长期异地分居却感情越来越好，这是为什么呢？"引导学生思考爱情与距离的关系，强调："他们靠的是感情和心，距离不是爱情的关键，重要的是彼此的心紧紧相连。"

学生回忆老覃老师的故事，参与关于爱情与距离关系的讨论，从中获得启示，明白爱情不一定要时刻亲密无间。

设计意图：以学生熟悉的老师的爱情故事为例，利用重要他人的影响力，让学生理解距离不是衡量爱情的唯一标准，深化对爱情内涵的理解，引导学生树立正确的爱情观。

### （三）送你一个灯笼

教师拿出一个漂亮的灯笼，点燃里面的蜡烛，问学生："这个灯笼好看吗？我们来传一下怎么样？旁边的同学准备好水，注意安全。"在学生传递灯笼后，提问："如果天暗了，蜡烛是不是很美、很温暖？就像爱情一样，给我们美好的感觉。这个灯笼就像我们自己，如果把灯笼打开，蜡烛暴露在外面，会怎么样呢？"引导学生思考爱情需要保护的问题，继续提问："如果火越烧越大，像爱情过于热烈，忘记了自己，会有什么后果呢？"

教师总结："所以，爱情很美好，但要学会保护，用理智和心来呵护，不能太急切或浓烈，不然受伤的是自己。"

学生在传递灯笼过程中感受美好与危险，回答教师问题，思考爱情需要保护的道理，理解在爱情中保持理智的重要性。

设计意图：通过灯笼这一形象的道具，将爱情比喻为蜡烛，形象地向学生传达爱情需要保护、要保持理智的观念，避免因爱情的冲动而受到伤害，使学生在直观体验中获得深刻的感悟。

### （四）总结

教师温和地对学生说："这节班会课不是教大家怎么谈恋爱，也不是要让大家害怕爱情，而是希望大家能善待爱情。爱情不仅是快乐的，更需要忠诚。就像我们讨论的，希望你们都能遇到暖心、贴心、有责任的人，拥有理智美好的爱情，不要只沉浸在短暂的快乐中。希望这节课能给你们带来一些思考和感悟。"

学生认真聆听教师的总结，回味班会内容，进一步内化对爱情的正确认识。

设计意图：总结班会内容，再次强调正确对待爱情的要点，让学生对爱情有更全面深刻的理解，引导他们将这些观念融入自己的思想中，为未来的情感发展奠定基础。

**【教学反思】**

本次班会课围绕青春期学生的情感问题展开，通过多种形式引导学生正确认识爱情和与异性交往的尺度。在教学过程中，有以下几点值得总结和改进。

### （一）成功之处

**1.营造氛围，激发兴趣**

开场的女生节祝福视频有效地缓解了紧张气氛，让学生在轻松愉悦的氛围中开始班会，提高了他们的参与度。利用有趣的小游戏、生动的案例以及形象的灯笼演示等环节，充分调动了学生的积极性，使他们能够畅所欲言，积极思考。

**2.结合实际，贴近学生**

班会内容紧密结合初二学生的青春期特点和生活实际，无论是对早恋现象的关注，还是对生活中不适当交往行为的讨论，都让学生感到话题熟悉且有意义。以学生熟悉的老师的爱情故事为例，增强了内容的可信度和吸引力，引发了学生的共鸣。

**3.体验式教学，深化理解**

通过游戏、传递灯笼等体验式活动，让学生在亲身参与中深刻体会到人际交往距离的重要性和爱情需要保护的道理。这种教学方式避免了单纯的说教，使抽象的情感教育变得更加具体、生动，有助于学生理解和接受。

## （二）不足之处

**1.知识讲解的清晰性与连贯性**

在讲解爱情与激素的关系时，表述不够清晰流畅，影响了学生对这一知识点的理解。在环节衔接上，也存在不够自然流畅的问题，需要进一步打磨教学设计，确保知识的传递和思维的引导更加顺畅。

**2.实践指导的深入性**

在引导学生认识不适当交往行为和距离问题后，对于学生在实际生活中遇到类似情况如何处理缺乏更深入的指导，可增加一些具体的建议和策略，增强教育内容的实用性。

**3.课堂节奏与思考空间**

课堂气氛过于热闹，学生静心思考的时间不足。在今后的教学中，要注意合理把握课堂节奏，适当留出时间让学生沉淀思考，培养他们的思维能力和审慎态度。

总之，通过本次班会课，学生在轻松的氛围中对爱情有了更深入的认识，但在教学内容和形式上还有许多需要改进和完善的地方，以便更好地引导学生正确对待青春期的情感问题。

**【教学实录】**

教师：我在生日时发过一条朋友圈，说有了你们这帮小朋友，都不知道怎么找男朋友了。你们天天念叨着要帮找英语老师找男朋友，那你们觉得这个男朋友应该具备什么条件？今天就由你们来帮英语老师找个“男朋友”吧。这样子，我们已经分为男女两大阵营了，给大家3分钟的时间讨论一下，然后，在黑板上有两个板块，一边女生，一边男生。待会讨论之后，小结并罗列出我的“男朋友”应该具备什么品质、条件，然后，各派一个代表按照最重要的最先写，依次罗列出来，最少3条，最多10条，可以吗？

学生：可以（学生兴致勃勃地答应并展开了激烈的讨论）！

教师：想好了可以上来写，女生派一个代表，男生派一个代表。

学生：（一男一女两个学生上台分别在两个板块进行书写，其他同学偶有提示）

女生书写内容：贴心暖男、长得帅、“三商”高、浪漫，会制造惊喜、拒绝直男癌、孝顺，有责任担当、能屈能伸、身体好。

男生书写内容：真心、全心全意、贴心、责任心、高富帅、情商高、事业成功、阳光正直、孝顺、家庭“煮夫”。

教师：我看到这些感受到满满的爱！你们真的为我操碎了心啊！让我们一起来看一下有没有共同的地方？

学生：有真心、贴心、孝顺、责任心。

教师：而且你们普遍把这三个放在了最前面。有没有发现，不管男生女生，你们在思考情侣配偶的时候，好像都想到了共同的特点，要怎么样？

学生：贴心、孝顺、暖心。

教师：所以，我想，再问一个问题，你自己是不是也秉持着这些条件去寻找对象？你们是不是也想成为这样的人？

学生：想。

教师：对吧。成为如此优秀的人，在未来，找到一个跟你一样优秀的人。所以，我一直在寻找我的爱情，也在等待我的爱情。我相信你们，是不是对爱情也有一点点的憧憬和想象？

学生：（偷偷地笑）

教师：从你们的笑容就知道了。那么，在爱情没有来之前该怎么做？

学生：等待。好好学习，天天向上。打造好自己。

教师：打造好自己！非常好！听到一个非常好的答案！我们都希望说以后遇到一个暖心、负责、贴心的人，对吧？但是，假如你不是一个负责的人，不是一个孝顺的人，不是一个暖心的人，你会不会成为别人的选择？

学生：不会。

教师：所以，爱情我们都有憧憬，但是，在爱情来临之前，我们先要怎样？

学生：打造好自己！

教师：打造好自己，让自己成为一个暖心、贴心、孝顺、有责任的人。

**【设计意图】**观察发现男女学生筛选出来的共同点和不同点，从而引导学生发现，我们都是在期待一个优秀的人，借机暗示学生，要把自己修炼得更好更优秀，才有资格配得上优秀的人，也可以从学生讨论的结果中，引导学生，做一个怎样的人。

### （一）鸟类求偶视频——喜欢是天然的

教师：那如果有一天，茫茫人海中看了对方一眼，然后，怦然心动，这个时候怎么办？

学生：尴尬。

教师：尴尬？当爱情来临的时候，有没有一点点紧张？惊慌？害怕？让我们先来看下，这个视频能不能告诉你爱情来了该怎么办？（教师播放鸟类求偶的视频，提问学生）刚刚这个视频展示的是什么？

学生：求偶。

教师：是的，动物的求偶行为。人本质上也是动物，所以，当你的生长发育，当你体内器官开始成熟，当你性器官发育的时候，激素也在发生着改变。甚至有科学家说，实际上，爱情的产生也是跟激素有关，比如，苯基乙胺、多巴胺、去甲肾上激素，等等。是不是很玄幻？但是，不管是人还是动物，他总会遇到生理反应带动心理反应的时候。所以，首先我们要明白，爱情，或是对异性产生好感，这是一个非常自然、正常的现象，需不需要害怕？

学生：不需要。

教师：不需要害怕，但会不会紧张？

学生：会。

教师：会紧张。对于异性，我们都会抱持着一定的好感，或者已经产生了爱情。但我们会不会像动物一样，我好爱你哦，然后就展示我的求偶方式？我们人和动物最大的区别是什么？

学生：理智。

教师：对，人有理智、有思想！所以我们懂得控制自己的行为，懂得把握尺寸。但是你们呢？可能从小到大，家长和老师最担心最害怕的就是你们发生了一件事情。

学生：早恋。

教师：对，早恋那为什么家长和老师都害怕和担心呢？

学生：影响学习。影响未来。控制不住。（学生哄堂大笑）

**【设计意图】**观看鸟类求偶的表演视频，引导学生认识到爱情是正常的心理反应，与生理激素的分泌也是有关的，让学生学会淡然处之。

### （二）小游戏大智慧——近距离的距离

教师：之前说要上公开课，你们一直在猜要讲什么？有人很好奇地问我是不是讲早恋？是不是讲两性问题？然后很多同学就很兴奋，是不是？可见，对于这个话题我们都很感兴趣，但是，都不敢说出口。为什么？

学生：害怕。

教师：不知道当我喜欢上一个人，或产生好感时，我该怎么去控制，怎么把握这个尺寸。那我希望借这节班会课，能带给你们小小的感触。下面，我们先来玩一个小游戏。我需要两个帅哥，两个美女。谁上来参加一下？

学生：（两男两女被推选出来）

教师：众望所归，上来吧。不要紧张，我不会为难你们的。每个人先把眼罩带上。其他同学只看不提醒，不能说话，但你可以做出一定的反应（教师确认上台参加游戏的四个同学都看不见）。待会我会推着你走，脚跟着我动就行，但是手不要动啊（教师分别拉着四个学生，让一男一女保持着一米左右的距离各自面对面而站）。注意啊，先把眼睛闭上。然后在我说摘眼罩之后先打开眼罩，再睁开眼睛，要不在打开眼罩过程中可能会让眼睛受伤。现在，先把眼睛闭上，然后慢慢地把眼罩摘掉，把眼睛睁开，看看你面前的人。有没有什么感觉？

学生（四位）：没感觉。

教师：没感觉是吧？好的，再把眼罩带上（保持男女对立而站不变，教师分别缩短男女同学间的距离，从1米左右缩短到0.5米左右，此时其他同学发出了更大的起哄声）。好，来，再摘一次眼罩（教师观察学生反映，为后面提问寻找素材）。我想采访一下同学的感受。

男学生1：没感觉。

教师：这么一个大美女离你这么近你居然没感觉？！

男学生1：任何感觉都没有。

教师：真的？有没有一点点小尴尬？

男学生1：没有。

教师：你是不是不把她当女孩子啊？来，我们请女生来说一下自己真实的感受。

女学生1：第一次没什么，第二次好尴尬啊。

教师：好尴尬，为什么？

女学生1：站得好近。

教师：站得好近。好的。你呢？

男学生2：我好怕。

教师：为什么？

男学生2：第一次睁开眼睛还好，第二次突然吓到我了。

教师：她长得很丑？

男学生2：有点尴尬。

教师：你呢？

女学生2：超级尴尬。

教师：那当你第二次打开眼罩的第一反应是什么？身体上直接反映是什么？

女学生2：往后退。

教师：往后退，好的。谢谢这四位同学，掌声鼓励一下。那我想再问一下，刚刚你们的反应是什么？一开始，两个人相距大概多远？

学生：1米。

教师：好，当他们一男一女相距1米左右时，你们发出了小小的声音对不对？然后当这个距离缩短成0.5米左右时，你们有什么感觉？

学生：好激动。

教师：啊。你们声音变大了，音调变高了。为什么？为什么你们看到一男一女距离变短靠近之后，你们就会发出如此震撼或大声的惊叹？

学生1：觉得不简单。

教师：当时看到的第一感觉是什么？

学生1：尴尬。

教师：人跟人之间的交往是存在一定的距离的。当两个人相距1米左右，实际上是每个人心理上都能接受的适当距离。当这个距离缩小到0.5米的时候，你会感觉怎样？

学生：有点尴尬。

教师：为什么尴尬？

学生：靠太近。

教师：两个人靠太近，两个人什么关系？

学生：没有关系。

教师：没有关系。但是如果这两个人是亲人、是兄弟、是姐妹，当他们靠很近的时候会觉得尴尬或奇怪吗？

学生：不会。

教师：对，因为他们已经形成一个亲人的亲密关系，即使靠在一起、抱在一起都没有什么问题。但是，在你刚开始对同学有好感的时候，你们的身份是什么？

学生：同学。

教师：是不是亲人？

学生：不是。

教师：有没有建立亲密的关系？

学生：没有。

教师：没有。所以如果两个人走得太近，首先自己会觉得尴尬。别人会觉得怎样？

学生：尴尬。

教师：尴尬。甚至别人会开始发出一些尖叫、娱乐的声音，带着嘲讽，看好戏的心情。实际上，这个游戏我想让大家知道，喜欢一个人很正常，但这个距离把握不恰当，会有什么后果？遭受别人的嘲讽，遭受别人的非议。

然后你会有什么感受？

学生：尴尬、不爽、伤心、难过。

**【设计意图】**从小游戏“男女之间距离的缩短”，观察他们摘下眼罩后的第一反应，借而引导到人与人相处的合适距离这个“刺猬法则”。过于靠近会让人没有安全感，也会遭来他人的闲言碎语，继而引导学生学会把握尺寸，保持人与人相处的适当距离。

### （三）列举生活现象——明辨是非

教师：是的，尴尬、不爽、伤心、难过，这是你们最真实的感受。所以这就是我说的要学会如何把握距离。那么，能不能再联系下你们的日常生活想一想，你在现实生活中有没有见到不太恰当的距离？

学生1：看到公众场合一对情侣在亲嘴。

教师：那看到这种情形有什么感觉？

学生：尴尬，不舒服。

教师：嗯，还有没有？

学生2：看到女生跑得太快冲进了男生的怀里。

教师：那如果你遇到这种情况怎么办？

学生：迅速弹开。

教师：嗯，马上分开，拉开距离。看到现实生活中这些让你尴尬的场景，你有何感受？你又是否会深陷其中，会这样去做吗？就像我讲的，恋爱很美好，但是，这个距离把握不好，就会带来一些不好的影响，会让自己受到伤害，会让自己被别人嘲讽或者是非议，所以，什么是适当的距离？我们讲的0.5米是暧昧距离，远远好过亲密的接触。我们常说，距离产生美，因为心中永远怀着那份好感和美好。如果，你再往前踏进一步，把0.5米缩小，会怎么样？

学生：近距离。

教师：近距离，会怎样？

学生：尴尬。

教师：尴尬，并且产生各种各样的困扰。你心中的美好可能就会因此而被破坏掉。

**【设计意图】**让学生思考并列举日常生活中所见到的不恰当距离交往的现象，以此暗示学生，交往要保持适当距离，学会保护自己，不要引来别人的嘲讽或议论。

### （四）列举老师的爱情——身边人启示

教师：我记得老覃老师在他的最后一节课，跟你们分享了他跟小宋姐姐交往的故事。我看见你们很多周记都在描述。他跟小宋姐姐交往了多久？

学生：8年。

教师：8年，但是真正在一起的时间？

学生：5个月。

教师：5个月。长期的异地分居有没有让他们的感情变淡？

学生：没有。

教师：相反的，让他们的感情更加地坚定、牢固、幸福，靠的是什么？

学生：爱情。

教师：最主要靠的是感情和心，对不对？所以并不是说，两个人必须分分秒秒地腻歪在一起才叫作有感情，才叫作爱情。爱情靠的是心。希望这些能带给你小小的感触。

**【设计意图】**以学生喜欢的老师"老覃的故事"为例，引导学生明白距离远近不是爱情的必要条件，不是必须分分秒秒腻歪在一起，重要的是心！

### （五）送你一个灯笼

教师：最后，我想送给大家一盏灯笼。先把火点起来。灯笼好不好看？

学生：好看。

教师：要不要传一下，传一下好不好？

学生：不要，好危险，会烧着的。

教师：没事，旁边的人准备好水就行了，传一下感受一下。

学生：（学生传递灯笼，传递的过程中学生都是小心翼翼的）

教师：如果现在天气暗了的话，你会觉得蜡烛怎么样？

学生：很美。

教师：很美好，很温暖，对不对？实际上呢，假如蜡烛就是你们的爱情，看上去，爱情就是这样子带给我们温暖、光明、美好，对不对？这个纸灯笼就是你自己。如果把纸灯笼打开，蜡烛放在视野之下、大众之下，它很容易会怎么样？

学生：灭掉。

教师：它要经历风吹雨打，它很容易会熄灭掉，遭受到外界的干扰和伤害。所以，我们要学会怎样？

学生：保护它。

教师：是的，需要一个纸灯笼把它保护起来，因为这根蜡烛，这个爱情是谁的？

学生：自己的。

教师：自己的，两个人心中美好的蜡烛。你们刚刚在传递蜡烛的过程中非常小心翼翼，为什么？

学生：蜡烛不小心就会倒，把纸灯笼给烧了。

教师：对，把灯笼给烧了。那假如火越烧越大，火焰越来越浓烈，就像爱情一样，迅猛而来，然后非常热烈，忘记了自己，猛烈地燃烧，最后会怎样？

学生：整个都烧掉了。

教师：对，把自己也烧掉了。所以，送你们一盏纸灯笼，就是想告诉你们，爱情很美好，但是要学会保护，而且要学会用心、用理智来保护，不要过多地急切或浓烈，要不然受伤的只会是自己。

**【设计意图】**利用“灯笼”来暗示引导学生，学会正确对待爱情，不能一味公之于众或者热情似火。以物育人，借此教育引导学生。

教师小结：这节班会课，老师不是教你怎么谈恋爱啊，也不是说让你害怕，而是希望说你能够善待爱情，它不仅仅是快乐的，还是忠诚的，就像你们给英语老师写的男朋友的条件一样。希望你们能遇到一个暖心、贴心、有责任的人，并且拥有理智、美好的爱情，而不单单只是沉浸于快乐之中。这节班会课希望能带给你们一些感悟，谢谢！

# 第七节　“有梦想不会输”班会课教学设计

**【班会背景】**

学生经过了紧张的初三年级第一学期学业素养测试后，精神由紧绷转到了松懈状态，加上各科作业的增多，学生成了完成作业的机器。在放松与麻木的双重冲击下，学生似乎已经忘记了自己因什么出发，要到达什么境地。引导他们重新认识自己，规划好自己的未来，给自己确立明确的目标，朝着目标努力奋进。

**【设计思路】**

学生排斥心理特别强烈时，一味地说教所起到的教育效果很微弱，将看似宏大、枯燥的说教转换成学生喜欢的、易于接受的小游戏，让学生在游戏中体会到人生中类似的际遇，逐渐明确自己的阶段目标和长远目标。例如，通过将人生理想作为拍卖品进行拍卖的活动，这样的设计坚持“以学生为中心，让学生唱主角”，用学生喜欢的方式触动他们的内心，激发他们表达的愿望。再利用名校的激励、明星的榜样、亲情等多种途径，不断强化“理想、目标”这两个关键词在学生脑海中的记忆，逐步达到“知、情、意、行”相统一的教育效果。

**【班会目标】**

知识与技能目标：学生能清晰阐述自己的梦想，并分析其所需条件；掌握将梦想细化为阶段性目标的方法，如制订短期和中期的学习计划以助力梦想实现。

过程与方法目标：通过小组讨论分享梦想，锻炼口语表达与合作交流能力；在分析梦想实现途径中，学会自我反思与规划，提高解决问题的能力。

情感态度与价值观目标：激发学生对梦想的热情和追求，增强内在驱动力；培养面对困难仍坚持梦想的信念，懂得梦想对人生的积极意义。

**【前期准备】**

北京大学宣传短片《星空日记》。

梦想心愿单、时间卡片。

选出一名主持人、拍卖官、展示员、记录员。

物质准备：红色卡纸44张，橙色卡纸44张。

**【教学过程】**

环节一：情境导入，敢问理想在何方？

观看北京大学宣传片《星空日记》。

问题预设：看完这个短片你有什么感想？

英国道德学家塞缪尔·斯迈尔斯曾经说："理想是正常的希望，是造物于人的自然精神，是生活的指南针。"那么，大家的理想是什么呢？

（主持人进行现场采访，教室里气氛轻松、活跃）

教师：刚才大家都谈了自己的理想，尽管各不相同，但大家都想为祖国的繁荣贡献一点力量。我们知道岳飞的理想是精忠报国，保卫大宋王朝；邓世昌的理想是驱除倭寇保卫国家；周恩来总理从小就有"为中华之崛起而读书"的远大志向。可见，理想随时代的不同而不同，随个人的不同而不同。那么，什么样的理想才是崇高的理想呢？

一个没有理想的人，就像鸟儿没有翅膀，建筑大厦没有设计图纸。没有理想，就没有坚定的方向，没有坚定的方向，就没有生活的希望。通过这次班会，七年级六班的同学已经树立起自己的理想，并且正在为实现自己的理想在努力奋斗、努力学习。

环节二：游戏激趣，问学生理想为何物？

教师：托尔斯泰将人生的理想分为一辈子的理想、一个阶段的理想、一年的理想、一个月的理想，甚至一天、一分钟的理想。生活中时时都应有理想，理想是人类进步的动力，是不灭的火炬，是我们飞翔的翅膀！

游戏——"理想拍卖会"。

游戏规则：每个同学手里都有30张纸币，一共3万元，每一元代表生命中的一天。每个梦想的起步价不同，你可以自己衡量举牌加价，每次至少加价1000元，或直接报出自己的理想价格，一次性出价3万元的，立即成交。而你报出的价格最终会换算成时间，3万元大约是82年，几乎相当于人的一生。

拍卖品底价均为100元，可以自由出价，加价幅度100元为一档，上不封顶。每次拍卖在拍卖师喊开始后先举手再喊价，否则即犯规出局，不能参加本轮竞拍。

此过程记录员板书记录每位同学以什么价格拍得什么，展示员请教师、同

学抽取拍品后进行展示，并负责拿拍品给拍得者，让拍得者直接付款，

小组交流：你拍得的理想是什么？你满意吗？为什么？如果还有机会你还想拍什么理想？

明确：一个人要想有所作为，首先应该确立自己的信念和意志，有了这些思想上的意识，方能为行动引路，不走歪路。

通过分角色诗朗诵进行总结，再次让学生确认理想为何物。

环节三：制定目标，目标有了，成功还会远吗？

在每个人的成长过程中，每次的活动都会带给人不同的收获和体验，同样的，长辈的话也给了我们很多的鼓励。在这次拍卖会中，我们虽然得到了理想，但是现实和理想之间还是有一段距离的。如何实现理想，达到我们梦想的境界，这是我们将来要走的路。

这里，我想给同学们分享一篇文章（选自2016年9月9日《人民时报》），希望听完之后能帮助你们点亮你们的理想。

能点亮天空的一定是梦想

1957年10月，人类第一颗人造卫星斯普特尼克一号由苏联发射升空。在地球另一端，美国弗吉尼亚州的一座小镇上，人们屏气凝神，在夜空中苦苦寻找这颗人造卫星。一个叫霍默的高中生受此激发，决定和几个同学一起开始制造火箭。一开始，“土法火箭”要么原地爆炸，要么四处乱窜，炸坏邻居家的栅栏，甚至还差一点击中别人的汽车和附近的煤矿。为了积攒经费，他们去废弃的铁路线上扒铁轨卖钱。邻镇的警察怀疑火箭引发了森林大火，于是当着所有学生、老师和校长的面逮捕了霍默和他的小伙伴。霍默的父亲为儿子感到羞愧，他是一个老实本分的煤矿工人，凭着自己的勤勉才成为煤矿负责人。在他看来，老老实实在地底下采煤才是正道，捣鼓什么火箭，简直就是发疯。这是美国电影《十月天空》中的情节。

鲁迅说过：“既然像螃蟹这样的东西，人们都很爱吃，那么蜘蛛也一定有人吃过，只不过后来知道不好吃才不吃了，但是第一个吃螃蟹的人一定是个勇士。”大部分人都乐于接受“马后炮”——在吃过了蜘蛛和螃蟹之后，人们一定赞美吃螃蟹的人，而讥笑吃蜘蛛的人。谁都不想被标签化为第一个吃蜘蛛的人，然而必须承认，在表示要吃蜘蛛和螃蟹时，两者都是同样可怕

而令人反感的。霍默在他父亲眼中，就是一个“吃蜘蛛的人”。

其实，霍默真有其人。他的火箭后来连续发射成功，飞到了近10千米的高度。他参加了全美中学生科学大会，获得了最高奖，还接受了著名宇航科学家冯·布劳恩的颁奖。后来，霍默成了美国航空航天局的一名工程师。他写作的自传体小说《火箭男孩》成了畅销书，并被改编为电影。事后来看，霍默成了“吃螃蟹的人”。

真正的创新者，大概都和霍默一样，被周围的人看作废物、失败者、异类、傻子或疯子……他们被误解、嘲笑、诋毁、排挤，甚至遭到污蔑和栽赃。很多人误以为，创新是一种投资或“收买”——只要砸钱就会有产出。其实不然，创新不仅仅是一种科技活动，还需要文化和社会氛围的支撑。倘若没有内在的“叛逆精神”，总是循规蹈矩甚至自我审查，蜘蛛和螃蟹都不会有人去吃。即使有人吃了螃蟹，觉得鲜美，也会被认为是“异端邪说”而遭到扼杀。

《十月天空》里有句话：“有时一个梦想足以点亮整个天空。”诚然，并非所有的梦想都能点亮天空，但是能够点亮天空的必定是梦想。

请静下心来想想，如果一切都有可能，未来你最想过的是什么样的生活？你有没有想过10年后的自己。请为你自己制定一份人生规划蓝图（表11–1）。

**表11–1　人生规划蓝图表**

| 人生规划单 | |
|---|---|
| 10年后的我 | |
| 5年后的我 | |
| 2年后的我 | |
| 我现在准备做些什么？ | |

教师：理想是不灭的灯，照耀我们前进的方向，照亮我们奋斗的脚印。理想是人类进步的动力，它曾带出多少仁人志士，曾写下多少壮美的诗篇。我们有理想，我们的生活需要理想。但我们不能躺在理想中生活，而要为理想不懈努力，在完成小我的理想中完善大我。我们将会是滚滚硝烟里驱马奔驰的勇士，将会是崇山峻岭中冒着风雨前进的攀登者，将会是惊涛骇浪中手持红旗的弄潮儿。

环节四：寄存目标，“长风破浪会有时”。

首先给学生时间思考，从自身成绩出发，针对个人学习状态，以写纸条的方式，量身制定本学期学习目标，并将纸条寄存在班主任手中，经过一个月的努力学习，考试后实现目标者，方可取回纸条，名字登上班级光荣榜。

设计目的：通过这个活动让学生明确目标，摆正心态，激励学生更加主动地投入学习。

教师：希望大家深刻地记住此次班会课带的启示，不论现在你的成绩是好还是坏，都已经成为过去，只要你从现在开始明晰自己的目标，努力为之奋斗，就会赢取美好的未来。当你要放弃的时候就想一想我们的先辈，还有什么能难倒我们呢?

全体起立，师生共同宣誓，朗诵班级目标“璀璨1班挑战宣言”。

秋风吹，战鼓擂，璀璨（1）班怕过谁！流过的泪没有把我们吓倒，写过的反思没有把我们压弯，我们唯一跨不过去的坎只有我们自己。我们立下的目标没有达成，我们做出的承诺没有实现，我们付出的时间远远不够，我们总是在为自己的懒惰找借口。

一个人，可以奋力拼搏超越别人，却很难低下头审视自己。一个人，可以轻易地发现别人的缺点，却很难看清自己的不足。尽管高山巍峨，但拥有顽强的意志、坚定的目标交织成的云梯，顶峰必定属于我们；尽管大海无边，但拥有永不退缩、勇往直前所构成的巨轮，成功的彼岸必定属于我们的。

人活一张脸，树活一层皮。我们可以一直原地踏步，但我们不能让尊严落地。与其说我们是在向（3）班挑战，还不如说我们是在和自己竞争。在这期末考试来临之际，我们决定为（1）班的尊严、为（1）班的荣誉，为心中的那份自我而战：早读我们比一比谁到得早，读得认真；上课我们比一比谁认真听讲；自习看谁自主学习，作业认真完成；在期末考试班级总体成绩摆脱原地踏步的名号。在今后的的学习生活中我们必将每一个细节做得更好，让优秀成为我们的一种习惯，让胜利的欢笑成为我们学习的主旋律。

山高人为峰，努力定成功。刀出鞘，全力拼搏；箭上弦，不达目标枉少年。

设计目的：让全体同学动起来，加深学生的印象，使学生有更多的感触，从而把本次班会课推向高潮。

明确：有了理想只是有了一个奋斗的方向，若没有行动支撑，目标仍会遥不可及。

**【课后反思】**

通过此次“有梦想不会输”的班会，同学们都仿若经历了一次心灵的洗礼，收获颇丰。在班会课营造的浓厚氛围中，每一位同学都有所感悟，那是梦想的种子在他们心间悄然种下的痕迹。他们明晰自己的目标，这些目标不再是模糊的幻影，而是如灯塔般在前方闪耀的存在。在今后的学习中，这一个个目标将化为他们奋进的动力，推动他们披荆斩棘，努力向着梦想前行。

在这个过程中，学生们在朗诵环节展现出了令人惊喜的风采。分角色朗读时，他们仿佛化身为故事中的主角，用声音塑造出一个个鲜活的形象，将梦想与奋斗的情感诠释得淋漓尽致，那种意境让每一位听众都沉浸其中，产生了强烈的情感共鸣。而当全班集体朗诵的最后一个环节到来时，那场面更是震撼人心。他们铿锵有力的声音如同敲响的战鼓，又似汹涌澎湃的海浪，每一个音节都承载着他们的热情与渴望。那声音就犹如一个个梦想从内心蹦出来，充满生机与力量，回荡在教室的每一个角落，也深深烙印在每一个人的灵魂深处。

然而，金无足赤，此次班会课也存在一些不足之处。由于时间安排上的紧张关系，学生观看与梦想相关的资料或影片的时间较短，内容也就相应较少。这使学生可能只是触及梦想话题的表面，没有更深入地理解和体会。他们内心深处的感触恐怕不是很深，犹如蜻蜓点水，未能在心灵的湖面激起更大的涟漪。为了弥补这一遗憾，有必要让学生重新观看一遍那些资料，并写一篇观后感。在撰写观后感的过程中，他们可以重新审视自己的内心，深入挖掘那些被忽视的情感，让梦想的力量再次冲击他们的心灵，从而使他们对梦想有更深刻的认知和更坚定的追求。

此外，在班会课互动环节的设计上，还有优化的空间。可以增加更多学生之间、师生之间交流梦想的机会，让每一个人的想法都能得到充分的表达和分享，进一步激发大家对梦想的热情。同时，对于班会课的后续跟进也需要进一步完善，不仅仅是通过写观后感，还可以组织一些小型的梦想分享会，让同学们在日常学习生活中持续受到梦想的鼓舞。这样的班会课才能真正成为学生梦想起航的港湾，成为他们逐梦路上的重要加油站。

## 第八节　“学会与父母沟通”班会课教学设计

**【班会背景】**

家庭是青少年道德教育的重要基地，家庭中亲子关系直接影响着青少年个性的健康发展。高中阶段正是青少年生理、心理发展的高峰期，他们的生理发展迅速走向成熟，但心理的发展却相对落后于生理的发展，他们在理智、情感、社交等方面都还未达到成熟的阶段。随着自我意识的日益成熟，独立思考和处理事物能力的发展，高中生在观念与行动上表现出强烈的自主性，渴望拥有自己的独立空间，渴望受到成人的平等对待，迫切希望从父母的束缚中解放出来。然而由于社会阅历不足、思维的偏激倾向以及行为举止的冲动性，当父母以不恰当的方式对待他们时，正处在叛逆期的他们难免会产生逆反心理和逆反行为，与父母发生冲突，激化亲子关系，影响其心理健康发展和人格完善。所以通过加强亲子沟通，改善亲子关系和构建和谐家庭氛围是促进青少年健康成长的重要途径。

**【教学目标】**

认知目标：感知父母的辛劳，知道父母也需要别人的理解和关心，了解自己在与父母沟通上的不足。

情感目标：引导学生体会家长的良苦用心，感受父母无微不至的爱，理解父母，热爱父母。

能力目标：使学生初步掌握与父母沟通的一些方法与技巧，鼓励学生主动与父母交流。

**【前期准备】**

多媒体课件、小品《期中考后》、分组。

**【班会过程】**

### （一）课前热身

教师：首先让我们做一个游戏——捉手指。

游戏规则：请伸出你的左右手，左手掌心朝下，右手食指朝上，将你的左手掌放在左边相邻同学的右食指上，你的右食指放在右边相邻同学的左手掌下。教师（或学生）说捉手指游戏文字，当说到“父母”两个字时请用你的左手掌抓别人的右食指，而你的右食指要缩回。

捉手指游戏文字：我们说每个人都有一个家，每个人都有自己的父亲和母亲，父母给了我们生命，我们给了他们希望，我们是他们翅膀下的小鸟，而他们坚毅的翅膀是我们最好的避风港，但小鸟总有一天会长大，总有一天会离开自己的父母展翅翱翔。

教师：刚才的游戏情景，就像我们现实生活中的亲子关系，父母想要抓住我们，我们却又想要挣脱父母的管束。由此又会带来什么呢？

学生：逃避、对抗、不满、怨恨……

教师：今天我们就来共同探讨亲子关系的话题“亲子沟通”。

设计意图：活动中游戏的趣味性，能够活跃课堂气氛，吸引学生注意，拉近师生距离，并积极投入活动中来。引出话题：亲子关系。

### （二）我心目中的父母形象

教师：那么你喜欢什么样的父母？或者你认为完美的父母应该是什么样子呢？请各组讨论，再派代表发言。

PPT展示：我心目中的父母形象，学生讨论后主要观点（预想）：

（1）能够与孩子交朋友，一起玩，一起商量，从不用命令的口气，尊重、关心和平等对待孩子。

（2）有丰富的知识、聪明的头脑，思想前卫、开明。

（3）追求时尚，紧跟潮流。

（4）性格良好，和蔼可亲，善解人意，通情达理。

（5）重视孩子各方面的发展，不只是关心孩子的学习成绩。

（6）能够给孩子足够的个人空间，不拘束，不包办。

（7）个人有气质、有魅力。

教师：这些都是我们理想的父母形象，那请你客观地分析一下，天下有这样完美的父母吗？

学生：好像没有（学生否认完美父母的真实性，不禁为自己设想的完美父母形象感到可笑）。

教师：理想的父母在现实生活中是不可能有的，因为人无完人，但有一条是肯定的，不管父母的态度和方法有什么缺陷，他们的愿望和初衷是好的，因为他们是这个世界上最爱你们的人。

设计意图：了解学生心目中的父母形象，在此基础上，让其认识到完美的父母形象是不存在的。

## （三）感受亲情

教师：下面让我们来听一个真实的故事。

PPT展示：感受亲情故事视频。

视频概要：描述一对盲人夫妇，在遭遇泥石流时舍身救女的壮举，表现了亲情的伟大与震撼力。

教师：一对残疾的父母，对无法抗拒的泥石流，为了自己的孩子，竟有这样的惊天壮举，简直是撼世亲情。

设计意图：感受亲情的伟大，激发改善亲子关系的动机。

## （四）我为父母做了什么

教师：那么我们的父母呢？请每位同学认真思考两个问题：一是父母为我做了什么？二是我为父母又做了什么？并把你的结果写下来。

PPT展示：父母为我做了什么？我为父母做了什么？

播放音乐：韩红的《天亮了》。

让学生在韩红的天籁之音中回忆父母为自己所做的点点滴滴，以及自己为父母所做的零零碎碎。组内成员分享、交流，再派代表发言。

学生思考结论（预想）：

父母为我做了什么，主要有：

（1）给了我们生命，抚养我们长大。

（2）每天照顾我的生活起居，饿了会给我做好吃的，冷了会给我添衣服。

（3）教我做人，鼓励和支持我。

（4）提供学习的机会，关心我的学习。

（5）给我一个温暖、安全、快乐的家。

我为父母又做了什么，主要有：

（1）有时做些力所能及的家务。

（2）努力学习。

（3）经常给他们带来快乐。

（4）有时会送些礼物给父母。

教师：那么请大家比较一下父母为我们付出更多，还是我们为父母付出更多呢？

通过对比刚才还认为自己付出很多的学生陷入了沉思，突然意识到，原来自己做得远不及父母为自己做得那么多。

教师：既然我们为父母做的事远不及父母为我们做得那么多，为何不从现在开始试着做点什么呢？

设计意图：在音乐的氛围感染中，回忆父母为我们的付出，进一步激发学生改善亲子关系的动机。

### （五）当你与父母发生冲突时

教师：父母给了我们生命，我们的身体流淌着父母的血液，从我们出生的那一天起，我们就成了父母永远割舍不掉的牵挂。无论是遭遇失败或邂逅成功，父母永远是我们最坚强的后盾。他们给了我们世界上最无私的爱，但我们却对他们有着这样或那样的怨言。那假如你与父母发生冲突时你会怎么办？让我们进入下一环节。

PPT展示：当你与父母发生冲突时。

我们先欣赏小品：《期中考后》。

小品简介：小品讲述了主人公李强在期中考后，因为妈妈对成绩的严格要求而与妈妈发生的一次冲突。

小品中的情境源自学生真实的生活，大家似曾相识，就像是自己在讲述自己的故事。

教师：生活中父母常把我们与他人比较，常把成绩作为衡量的标准，但在这事上李强自己有没有不妥之处呢？认真思考，不必回答。

教师：在生活中你和父母发生冲突，并且对他们的管教态度不满意时，有没有想过自己的行为和态度也有不妥之处而导致或强化了这种态度呢？举例说明。

同学发言："上星期的一个早上，妈妈说天有点冷，让我把外套穿上，我不愿意，还把妈妈给惹火了，妈妈生气地说：'冻着了别找我要钱看医生。'结果真的感冒了，最后妈妈还是带我去看医生。其实妈妈也是为我好。"

"有天早上爸爸给我煮了一碗面条，我却嫌面条不好吃，爸爸听了很生气地说'不好吃就不要吃'，我听了扭头就往学校走，还忘了带钱，又不好意思向别人借，正感觉肚子咕咕叫时，爸爸跑到学校，给我送来两个汉堡包。说真的，我爸爸这人就是嘴硬心软。"

教师：现在是共享时间，向大家推荐你处理与父母冲突的好方法。

组内成员分享、交流，再派代表发言。

学生主要方法有（预想）：

（1）可以给爸爸妈妈写封信，悄悄放在他们能看到的地方。

（2）在双方心平气和时，再好好商讨一下，听听父母的想法，也让父母了解自己的意见。

（3）火气大时，彼此先分开冷静一下。

（4）可以委婉地向父母提出你的要求或建议。

（5）平时多注意与父母沟通，多与父母聊天，多关心父母。

（6）在他们心情好时向他们提出自己的想法。

（7）可以找长辈做中间人。

（8）可以找老师、同学帮忙。

设计意图：初步学会处理与父母间的冲突时的情绪管理与沟通技巧。

### （六）总结

教师总结：同学们，初中阶段正是你们生理、心理发展的高峰期，但心理的发展却相对落后于生理的发展。随着自我意识的日益成熟，渴望拥有自己的独立空间，渴望受到成人的平等对待。然而由于社会阅历不足、思维的偏激以及行为举止的冲动性，难免会产生逆反心理和逆反行为，与父母发生冲突，影响你们的心理健康发展和人格完善。可怜天下父母心，父母都希望自己的儿女有所成就，尽管他们也有不尽人意的地方，但我们做儿女的也应该理解父母，接纳父母，尊重父母，关心父母，学会和父母和谐相处。

PPT展示：理解父母，接纳父母，尊重父母，关心父母，学会和父母和谐相处。

插入音乐：《懂你》。

设计意图：归纳学生与父母发生冲突的原因，促成每一位学生都能在生活中能理解父母，接纳父母，尊重父母，关心父母，学会和父母和谐相处。

**【课后反思】**

在本次班会课的教学实践后，我进行了深刻的反思，希望能从中吸取经验教训，进一步优化教学效果，更好地帮助学生和家长提升亲子沟通能力，促进家庭和谐。从这个核心目标来看，通过多样化的教学方式，学生在一定程度上感知到了亲子沟通的重要性，并对一些常见的沟通问题有了新的认识。课程设置的环节让学生开始思考自己与父母的关系，部分学生能够领悟到理解父母、与父母平等对话的意义，这为他们在今后的生活中尝试更好地与父母沟通奠定了基础。然而，目标的完全达成仍面临挑战，仍有部分学生可能只是在课堂上有所触动，但缺乏将所学运用到实际亲子互动中的清晰思路和坚定决心。

摒弃“说教式”教学是本次课程的一大亮点。运用多种手段从不同角度启发学生，如引入心理学和教育学相关理论，通过案例分析、小组讨论等形式，使抽象的亲子沟通知识变得更加生动形象。这种方法激发了学生的学习兴趣，让他们能够主动参与学习过程，而不是被动接受信息。

在教学过程中注重情境创设也取得了良好的效果。特别是亲情故事环节，当教师或学生投入情感讲述时，能有效带动课堂氛围，引起学生的情感共鸣。这种情感共鸣成为学生理解亲子关系的重要突破口，有助于他们在情感上更深入地体会亲子沟通的内涵。

尽管努力避免了说教，但在一些理论知识的讲解上，可能还不够深入浅出。部分学生在理解某些心理学和教育学概念时仍存在困难，这可能影响了他们对后续内容的吸收。例如，在讲解亲子沟通的情感反馈机制时，一些复杂的专业术语让部分学生感到困惑。

在教学方法的多样性上还有提升空间。虽然有多种形式，但在实际操作中，小组讨论环节没有充分发挥每个学生的积极性。部分小组讨论不够深入，存在个别学生主导讨论，其他学生参与度不高的情况。而且，对于一些性格内向的学生，现有的教学方法可能没有充分照顾到他们的学习需求，导致他们在课堂上的收获相对较少。

在增加学生思维活动和有感而发的时间方面，虽然有这方面的意识，但在实际操作中，时间把控不够精准。有时为了完成教学进度，会不自觉地压缩学生发言的时间，导致一些学生的想法没有得到充分表达，影响了他们对知识的深入理解和情感的进一步升华。

在提问环节，尽管强调了引导的重要性，但在实际教学中，对个别问题的引导不到位。这使部分学生的回答未能达到预期的深度，只是表面化回答问题，没有真正触及亲子沟通问题的核心。

在亲情故事环节，对讲述者的选拔和培训可以更加严格。部分讲述者在情感投入和语言感染力上还有欠缺，没有完全发挥这个环节应有的催化作用，影响了部分学生的情感共鸣效果。

在今后的教学中，需要更加科学地设计教学流程，合理安排时间。可以提前预设每个环节可能需要的时间，并根据学生的课堂反应灵活调整。对于学生发言环节，要给予充分的尊重和时间保障，鼓励更多学生积极参与，分享他们的真实想法和感受。

加强对提问技巧的研究和实践。在设计问题时，充分考虑学生的认知水平和思维特点，使问题更加具有启发性和针对性。同时，要提高教师在课堂上的引导能力，通过追问、提示等方式，帮助学生深入思考问题，挖掘问题背后的本质。

在亲情故事环节，提前对讲述者进行选拔和培训。可以组织讲述者进行试讲，提出改进意见，让他们更好地把握故事的情感节奏和语言表达。同时，鼓励更多学生参与到讲述中来，通过分享自己的亲情故事，增强整个班级的情感氛围和凝聚力。

从学生的课堂表现和课后反馈来看，大部分学生对亲子沟通问题有了新的认识，但实际运用能力还需要进一步培养。学生在理解层面上已经开始突破传统观念的束缚，认识到家长一些错误教育观念对亲子关系的负面影响。然而，将这些认识转化为实际行动时，如主动与父母沟通、尝试改变沟通方式等方面，还需要更多的引导和实践机会。同时，不同学生的学习情况存在差异，需要在今后的教学中关注个体差异，为每个学生提供更个性化的指导。

本次班会课既有成功之处，也暴露出不少问题。在今后的教学中，我将继续优化教学方法，改进教学过程中的不足之处，更加关注学生的个体差异和实际应用能力的培养。通过不断地调整和完善，希望能让更多的学生真正掌握亲子沟通的技巧，促进家庭关系的和谐发展。同时，也希望能与家长进一步合作，开展更多的亲子活动，形成家校共育的良好局面，共同为孩子的成长创造更有利的环境。

# 第九节　“合理归因”班会课教学设计

【班会背景】

初三下学期的期中考试作为重要的统考对学生意义重大。此次考试后，班上部分学生因成绩不理想情绪波动剧烈，尤其是那些经过初三一个多学期努力但成绩仍无起色的学生，频繁的学业失败严重打击了他们的自信心和自尊心，使其产生了习得性无助感，认为自己能力差，即便努力也无法取得好成绩。

初中阶段的考试是对学习效果的重要检测，对于临近中考、面临频繁模拟考的初三学生而言，每次考试结果（包括分数、教师评价、排名变化等）都会引发较大的情绪波动。因此，学生需要掌握正确分析考试结果和调整考后心态的技能。

合理归因至关重要，积极归因能提高自我效能感和自尊，带来乐观、兴奋等积极情绪；消极归因则会降低自信心和自尊心，导致压抑、抑郁等不良情绪。本次班会旨在通过引导学生合理归因，减少考试失败或排名变化带来的自卑感，改变消极归因习惯，增强自信心。

【教学目标】

知识与认知目标：帮助学生认识自身归因特点与学习成绩的关联。

方法与能力目标：通过自查和情景剧观看，让学生自主发现并掌握正确归因方法，学会合理归因，提升自我效能感和自尊，激发积极情绪，提高学习效率。

情感与态度目标：让学生感受和体验正确归因带来的学习动力增强效果，提高学习热情，增强学习成功感、自尊心和自信心。

【前期准备】

依据初三学生身心发展特点和兴趣，选择“穿针引线”作为热身游戏导入课题，准备6根针和3条针线。

查阅维纳归因理论相关资料，以便为学生讲解相关理论知识。

准备“我的归因特点”学生自我检测调查问卷。

【教学过程】

## （一）游戏活动导入："穿针引线"心理预热引发学习兴趣

### 1.游戏规则讲解

将全班分成3个小组，每组选派3名同学参与。一名同学站在中间拿线，两边各站一名拿针的同学，两位拿针同学需在5秒内同时穿好针。

开始前，拿针同学手要放下，时间一到必须放手，其他同学负责监督和计时（通过数"5/4/3/2/1停"），同组同学可为本组加油。

### 2.教师引导讨论

采访成功小组代表："请你谈谈成功的原因？"让学生根据自身情况如实回答。

询问失败小组："请你谈谈失败的原因？"引导学生分析原因，如"下面同学的倒计时让我非常紧张，很害怕拖小组后腿，越紧张就越出错"。

追问失败小组："如果再给你一次机会，你们会怎么做？"引导学生思考改进方法，如"我会先调整呼吸，排除干扰，让自己迅速进入状态，也让下面的同学安静看我们穿针就好……"

教师总结："同学们谈得很好，将原因分析得很到位，也找到了努力方向。在学习生活中，成功与失败常伴，我们需要分析原因，寻求最佳解决方案。今天我们就来探讨合理归因，树立自信的话题。"

设计意图：以心理小游戏激发学生的参与热情，利用简单有趣的穿针游戏引发学生对归因理论的关注。

## （二）理论知识：归因大学问

### 1.教师提问引导

询问学生："那究竟什么是归因呢？我请几位同学来根据字面意思说一下归因的含义。"引导学生思考。

根据学生回答，教师讲解："'归因'其实就是寻找原因，即你对学习、工作成败的原因做出判断。（PPT展示归因的含义）归因是指人们对自己或他人的行为以及挫折、成败进行分析，对其原因加以解释和推测的过程。”

### 2.介绍维纳归因理论

通过PPT展示，讲解维纳的归因理论：“著名心理学家维纳认为，我们一般把成败原因归结为能力、努力、任务难度、运气等方面。他从来源（内部和外部）、可控性（可控和不可控）、稳定性（稳定与不稳定）三个维度对这些原因进行了分类。”（PPT展示维纳的归因理论图表和表格）

设计意图：用简易方式介绍归因理论，增强学生对理论的认识，为后续评估考试结果归因做准备。

## （三）情景表演：不同归因、不同结果

### 1.情景表演展示

教师介绍：“刚才我们学习了相关理论，现在来看一个情景剧《考试之后》，在观看过程中，请思考剧中人物是如何归因的，对他们以后学习有什么影响？”

学生表演情景剧：

旁白：考试后，初三某班的两位同学在教室里闲聊。

甲：唉！这书真读得苦啊！

乙：喂，这次考试考得怎样？

甲：唉，别提了，真是惨不忍睹啊！连哭的勇气都没了。

乙：你平时够努力的，怎么会没考好呢？

甲：是啊……初一、初二是“希望之星”，初三就成了“流星”！哎，看来自己真的不是学习的材料啊，再努力也恐怕没用了！你呢？

乙：我？我跟你一样：初中也算“希望之星”，现在就成了“扫把星”了。但是我认为自己不笨，之所以落得今天这地步，都怪老师没有把我们管好教好！你想，学生没学好，不怪老师，还能怪谁呢？

### 2.讨论与分析

表演结束后，组织学生讨论并回答情景剧中人物的归因方式及其对学习的影响。

教师总结：“可以发现，甲同学的归因会让他丧失信心，听之任之，成

绩不断退步；乙同学将不如意的成绩归咎于老师，埋怨客观环境，会使自己失去前进动力，成绩下滑。不同归因会导致不同的行为结果和影响，我们要了解自己的归因习惯，运用专业理论知识，让归因产生良好效果。”

设计意图：通过生动情景剧表演，活跃课堂气氛，调动学生积极性，使他们直观认识到不同归因的不同结果。

### （四）心理测试：考试归因自测表

#### 1.测试讲解与实施

教师引导：“下面请同学们填写考试归因自测表，这能帮助我们了解影响学习的原因。如果选项符合你的情况，请在括号中打√。”

发放测试表，内容如下：

我学习、考试成绩不理想是因为：

①家中没有人为我解答疑难作业（　）

②我不喜欢任课老师（　）

③学习科目过于枯燥（　）

④平时养成了懒散的习惯，不愿学习（　）

⑤家里环境差，没法学习（　）

⑥我没有找到有效的学习方法（　）

⑦父母不关心我的学习（　）

⑧我学习缺乏恒心和毅力（　）

⑨班级学习风气不好（　）

⑩我不会妥善安排学习时间（　）

⑪学校令人讨厌（　）

⑫我学习基础不好，跟不上（　）

⑬老师的教学方法不适合我（　）

⑭我自己努力不够（　）

⑮运气不好，复习的内容总是不考（　）

⑯身体不佳，无法集中精力学习（　）

⑰考题总是太难（　）

⑱我对学习没有兴趣（　）

⑲情绪不稳，常被无端的情绪干扰（　）

⑳本身能力不够，根本不是学习的材料（　）

**2.结果分析与讨论**

教师引导："统计结果：单数题中，你打√的有几个；双数题中，你打√的有几个。我们一起来分析自己的归因特点。"

根据学生的选择情况分析："如果更多地选择单数题号选项，你可能是外部控制型，习惯将成败归因于外部条件和环境；若大多选择双数题号选项，你善于从内部找原因，是内部控制型；若单数题和双数题选择数量相近，说明你不是典型的内部控制或外部控制型。"

教师提问："在归因时，我们应该注意什么呢？"组织小组讨论，鼓励学生畅所欲言。

教师总结："面对成功时，首先要肯定'自身努力'这一内在因素是成功主因，其次相信自己具备'能力'这一稳定因素，消除侥幸心理。合理归因可提高自尊自信，增强学习动机，改善学习行为，提高学习成绩。面对失败，对于努力程度不够、学习方法和复习方向偏离等相对不稳定的内因要重视，同时可适当考虑自身努力之外的不稳定外因，如审题、环境干扰、家庭变故、试题难度等。这样有利于增强学习的主动性、自觉性、责任心和自信心，防止自卑感和自暴自弃。要客观分析成败原因，不要主观臆断，一般先从内部找原因，激发自我责任感，但也不要一味自责或埋怨外部环境，尽量找可改变的原因，避免过多归因于不可改变的因素。"

设计意图：通过考试归因自测确定学生归因类型，让学生在归因训练中有针对性，明确归因注意事项。

### （五）感受分享

教师提问："对待刚刚过去的期中考试，学习归因理论前与学习归因理论后你对它的分析或感受有没有差异？主要表现在哪里？"

组织学生自由发言，分享自己的想法。

教师总结："这让我们明白，合理归因能让我们在面对学习成绩波动时，不会因考差或曾经成绩差而气馁、放弃，也不会因一次或曾经成绩好而骄傲。希望同学们能正确对待每次考试，积极归因，调整考后状态，为下一次考试做好准备。中考是一场马拉松，同学们要加油。”

设计意图：通过感受分享，让学生将班会所学内容内化为知识，并应用到考试总结中，增强自信心。

**【课后反思】**

本次班会课旨在通过丰富多样的环节，包括热身游戏、理论讲解以及后续跟进，引导学生理解维纳归因理论，并将合理归因方法运用到学习生活中。然而，在各个环节的实施过程中，出现了一些值得反思和改进的问题。

“穿针引线”热身游戏环节的设计初衷是为了让学生们迅速投入班会课的氛围中，通过轻松愉快的游戏实现心理预热，从而更好地导入主题。然而，实际执行情况与预期存在一定差距。

在游戏的计时环节，出现了较为明显的问题。虽然安排了同学负责数秒，但实际操作中，由于数秒声音的参差不齐和不够清晰，给参与游戏的同学带来了干扰。这种干扰影响了他们对时间的感知和对游戏节奏的把握，使得游戏的流畅性受到了影响，而且，这一情况也反映出在活动组织细节上的不足，没有充分考虑到计时方式可能对游戏产生的影响。

加油环节同样未能达到理想效果。部分小组的组员没有充分发挥加油助威的作用，导致游戏气氛不够热烈。这背后的原因在于对这一环节的引导不到位，学生们没有充分意识到加油助威对于团队凝聚力和游戏参与者心态的积极影响。

为了改进这一情况，在今后开展类似活动时，需要在细节上更加严谨。对于计时环节，可以统一使用标准的计时工具，如电子秒表，并指定一位声音洪亮、节奏稳定的同学负责操作和报时，确保计时的准确性和清晰性。同时，在游戏开始前，要着重向学生强调加油助威的重要性，详细说明它对于整个团队氛围和个人心态的积极作用。可以通过一些示例或者简单的演示，让学生明白如何有效地为队友加油，从而充分调动每个学生的积极性，让游戏氛围更加热烈，更好地实现心理预热的目的，为后续主题环节的开展打下良好的基础。

归因理论是本次班会课的重点内容之一，旨在帮助学生理解不同的归因方式对学习和生活的影响，从而引导他们形成合理的归因习惯。然而，在讲解过程中，尽管使用了PPT展示图表和表格，但从学生的反馈和课堂表现来看，教学效果仍有待提高。

问题的关键在于理论讲解的方式不够深入和生动。单纯的理论阐述和简单的案例展示无法满足所有学生的学习需求，导致部分学生在理解归因的不同维度（内部和外部、可控和不可控、稳定与不稳定）以及这些维度在实际学习生活中的应用时存在困难。例如，在分析运气这一因素时，部分学生未能清晰地理解为什么它属于外部的、不可控且不稳定的因素。这表明案例的选择和讲解深度需要进一步优化。

在后续教学中，需要增加更多贴近学生生活实际的案例，并且对案例进行详细剖析。以考试场景为例，可以进一步拓展案例内容，如考试中遇到熟悉的题目是运气好（外部、不可控、不稳定），但如果平时不努力积累知识，仅靠运气是无法持续取得好成绩的。还可以列举其他类似的情况，如在比赛中因对手失误而获胜（运气因素），但要提升自身实力才能在后续比赛中保持优势等。通过这些丰富多样且与学生息息相关的案例，逐步引导学生理解每个归因因素的特点和影响，将抽象的理论具象化，使不同学习层次的学生都能更好地掌握归因理论的核心内容。这样不仅能加深学生对理论的理解，还能为后续的实践应用环节提供更坚实的理论基础，帮助学生更好地将归因理论运用到日常学习生活中。

在班会设计阶段，虽然明确了引导学生合理归因对其学习心态和成绩的积极意义，但在实际操作中，缺乏一套完善的跟踪机制，仅仅依靠学生的自觉性来运用合理归因方法是远远不够的，因为学生在面对学习压力和复杂的学习情况时，可能会不自觉地回到原有的归因模式。

教师在后续的学习过程中需要更加积极主动地关注学生的归因方式和心态变化。可以在每次考试后，通过多种方式进行跟踪。例如，定期与学生进行一对一谈话，深入了解他们在考试结果出来后的想法和归因方式；组织小组讨论分享考试心得，让学生在交流中互相启发，同时教师也能从中观察学生的归因倾向；还可以设计专门的归因记录表格让学生填写，详细记录他们对每次考试结果的归因情况。通过这些方式，教师可以及时掌握学生的学习心态变化，了解学生是否真正将所学的归因方法运用到实际中。

同时，根据学生的反馈，教师要及时调整指导策略。对于仍然存在消极归因倾向的学生，要给予更多的关心和引导，帮助他们分析问题，树立正确的归因观念。此外，还可以考虑建立家校沟通机制，将学生在学校的归因训练情况告知家长，让家长也能关注孩子的心态变化，与学校形成教育合力，共同促进孩子的健康成长。这样才能确保每个学生在长期的学习过程中保持对学习的持久热情，不断提升自我效能感、自尊和积极情绪，真正实现心理健康水平的提升和学习成绩的稳定进步。

总之，本次班会课在各个环节都有可改进之处。通过对这些问题的反思，我将在今后的班会课设计和实施中更加注重细节，优化教学方法和跟进机制，以更好地实现班会课的教育目标，帮助学生全面发展。

## 第十节　“责任成就未来”班会课教学设计

**【班会背景】**

八年级是学生成长的关键时期，他们在身体和心理上都经历着显著的变化。这个阶段的男生尤其表现出较强的自主意识，部分学生开始出现叛逆行为，与教师和家长产生对抗，他们自认为已经长大，但实际上缺乏对责任的真正理解。同时，社会的发展需要有责任感的新一代，学校的责任文化也时刻影响着学生。在此背景下，开展“责任担当”主题班会，旨在引导学生正确认识责任，明白成长与责任的关系，帮助他们在这个特殊时期塑造良好的品行，增强责任感。

**【教学目标】**

知识与技能目标：理解责任内涵，阐述其在不同层面的含义与表现，掌握履行责任的方法，学会制定责任清单和分析责任归属，提升沟通协作能力。

过程与方法目标：借助角色扮演、情景模拟体验责任后果，在游戏中感受责任与合作。通过问题探究，培养学生的思维与解决问题的能力，通过信息整合，提升自主学习能力。

情感态度与价值观目标：增强责任意识，重视责任履行。树立正确的责任观，形成积极的人生态度，激发社会担当精神，勇于面对社会挑战。

**【教学重难点】**

教学重点：让学生深刻理解责任的内涵，包括个人责任、集体责任和社会责任；引导学生认识到不同身份和情境下责任的多样性，并明确学生在个人、集体和社会层面应承担的责任。

教学难点：让学生将责任意识内化于心，落实到日常行为中，尤其是在面对青春期的各种诱惑和挑战时能坚守责任；通过生动、具体的事例，突破学生对责任理解的抽象性，让他们真正感受到责任的重要性和价值。

**【班会准备】**

### （一）学生准备

认真观看电视剧《觉醒年代》，深入学习梁启超的文章《最苦与最乐》，从中体会责任在历史进程和个人成长中的意义。

学生代表采访学校团委书记，了解学校在社会责任履行方面的实践和意义。

以小组为单位排练与责任相关的情景剧，展现生活中不同场景下责任的体现或缺失。

### （二）教师准备

精心制作内容丰富、生动的课件，包括与责任相关的图片、案例、问题等，直观地展示责任的内涵和外延。

搜集与责任主题紧密相关的视频，如《武汉战疫之勇敢的心》等，为班会营造浓厚的情感氛围。

准备《少年中国说》的朗诵稿，为班会增添文化底蕴和激情，激发学生的责任感。

准备“责任卡片”，用于游戏环节。

**【教学过程】**

### （一）导入主题——学校的责任文化

教师分享学校的责任文化：同学们，我们七十九中一直以来都将责任教育融入校园生活的方方面面。从我们的校训、校风和日常的校园活动中，都能感受到责任文化的存在。大家每天在校园里学习、生活，有没有注意到一些有关责任的句子呢？

请学生谈一谈校园里看到的有关责任的句子：

学生1：做好每一件该做的事就是责任。

学生2：良心永远认可的就是责任。

学生3：一个人能承担多大的责任，就能取得多大的成就。

教师引导：“责任”二字确实是我们师生再熟悉不过的字眼了，责任教育渗透在我们日常的校园生活之中。那为什么今天我们还要上这样一堂主题班会课呢？这是因为责任对于我们每个人来说，意义非凡，而且随着大家的成长，责任的内涵也在不断丰富。现在，让我们通过一个小视频再次感知什么是责任和担当。

设计意图：从校园文化导入“责任”主题，让学生感觉熟悉而亲切。由于他们每天耳濡目染，能随口说出一些与责任相关的话语，这样就能主动将班会主题与身边的人和事联系起来，使班会更贴近学生生活，引起他们的兴趣。

### （二）师生分享——感知责任和担当

视频分享：《武汉战疫之勇敢的心》小视频。

教师引导：三年抗疫，我们一起经历了很多艰难时刻。今天，我们重温那些感人的过往，请同学们看完后说一说，刚才的视频你看到了哪些人？他们做了什么？

学生回答：医护工作者、建筑工人、军人、环卫工人、警察、志愿者等。

教师总结：没有从天而降的英雄，只有挺身而出的凡人！他们也会害怕，却因为一份责任而勇敢、伟大！他们都是勇于担当的人。

故事分享：2020年武汉战疫的感人事迹。

教师讲述：讲述武汉市金银潭医院院长张定宇、快递小哥汪勇，还有牺牲在抗疫一线的武汉市武昌医院院长刘智明、武汉市硚口区公安分局民警吴涌、武汉市第十七中学副校长戴胜伟等人的抗疫故事。

学生讲述：《行走的责任者——七十九中学团委书记徐长浩老师的抗疫故事》。

教师小结：不论职业，不论身份，我们每个人都有要承担的责任。责任由小到大可以分为三个方面：个人责任——做好自己的分内事，对自己的行为负责；集体责任——顾全大局，服从组织安排，承担更多责任；社会责任——勇于担当，回馈社会，帮助更多需要帮助的人。

设计意图：生活是最好的教科书。师生观看2020年武汉战疫视频，讲述身边的抗疫故事，让学生深刻感受这些人的勇敢和担当，从而明白不论职业、身份如何，每个人都有要承担的责任，并且清晰地了解责任可分为个人责任、集体责任、社会责任。

### （三）互动游戏——“责任卡片传递”

游戏准备：教师准备若干张“责任卡片”，在每张卡片上写有一个不同的责任情境，例如，“在班级大扫除中，你发现有同学偷懒，你会怎么做？”“看到有人在图书馆大声喧哗，你应该承担什么责任？”等，卡片数量根据班级学生人数而定。

游戏规则：学生们围坐成一个圆圈，播放轻松的音乐。教师开始传递“责任卡片”，当音乐停止时，持有卡片的学生站起来。

该学生需要大声读出卡片上的内容，并在1分钟内回答自己在这种情境下应该承担的责任以及为什么。回答正确得1分，回答错误不得分。

游戏进行若干轮，统计每个学生的得分情况。最后，教师可以对一些典型的情境和回答进行讲解和分析，加深学生对责任的理解。

设计意图：这个游戏环节可以让每个学生都参与到对责任情境的思考中，在轻松愉快的氛围中增强对不同责任情境的应对能力，同时通过竞争机制激发学生的积极性，更好地体现活动育人的特性。

### （四）互动游戏——“责任拼图大挑战”

游戏准备：教师准备若干张拼图，拼图内容为各种体现责任场景的图片（如学生认真值日、运动员在赛场上拼搏、科学家在实验室研究等），将每张拼图分成若干小块，并打乱顺序装在信封里，每个小组一份。

游戏规则：

将学生分成若干小组，每组推选一名代表上台抽取一个信封。

小组成员需在规定时间内（如5分钟）合作完成拼图。

完成拼图后，小组代表需要向全班同学描述图片所体现的责任内容，包括是哪种类型的责任（个人、集体或社会）以及为什么。

教师引导：在各小组进行游戏的过程中，教师巡视并鼓励学生积极参与，引导他们思考图片与责任的关系。

每组完成后，教师对学生的描述进行点评和补充，加深学生对责任的理解。

设计意图：通过互动游戏的形式，让学生在轻松愉快的氛围中进一步理解责任的内涵和类型，同时培养学生的团队合作能力和表达能力，体现活动育人的特性。

### （五）师生共话——学生的责任

师生欣赏《梦想小剧场》。

教师引导：下面请大家欣赏《梦想小剧场》，说一说这些行为背后分别反映哪个方面的责任感缺失。

师生共同分析：第一种行为，补作业，对自己的学习不负责任的表现，缺乏个人责任感；第二种行为，自习课讲话，影响了班级的自习纪律，缺乏集体责任感；第三种行为，只顾自己学习，对社会、国家大事漠不关心，缺乏社会责任感。

师生交流：学生的责任。

教师提问：刚才同学们分别从个人、集体、社会三个层面概括了缺乏责任意识的几种表现。那么，作为学生，我们应该承担哪些个人责任、集体责任、社会责任呢？我们身边又有哪些同学在这些方面是我们的榜样呢？

学生发言，教师适时引导。

教师小结：个人责任——好好学习，好好做人；集体责任——服从班级和学校的管理，维护班级和学校的荣誉；社会责任——关注社会发展，关心国家大事，立志为中华民族的伟大复兴而读书。

设计意图：从平时同学们的表现切入，通过身边的人和事，引导学生明确"学生的责任也分为个人责任、集体责任和社会责任"。教师引导，学生讲述，用身边的榜样让学生进一步明确自己的责任，并自然而然地上升到社会责任。

### （六）师生重温《最苦与最乐》

教师提问：为什么我们一定要做一个负责任的人？我们可不可以不负责任呢？同学们还记得我们七年级学过的《最苦与最乐》吗？什么是最苦？什么是最乐？

学生回答后，教师梳理答案："负责任是人生最大的痛苦，尽责任是人生最大的快乐。"

教师追问：既然负责任最苦，那我们为什么还要负责任呢？同学们还记得梁启超是怎么说的吗？

有学生回答："既然这苦是从负责任而生的，我若是将责任卸却，岂不是就永远没有苦了吗？"这却不然，责任是要解除了才没有，并不是卸了就没有。人生若能永远像两三岁小孩，本来没有责任，那就本来没有苦。到了成人，责任自然压在你的肩头，如何能躲？不过有大小的分别罢了。尽得大的责任，就得大快乐；尽得小的责任，就得小快乐。你若是要躲，倒是自投苦海，永远不能解除了。

**【课后反思】**

本次主题班会围绕"责任"这一核心主题展开，旨在通过多样化的形式帮助学生构建全面且深入的责任认知体系。从校园文化导入入手，为学生营造浓厚的思考氛围，随后的视频和故事分享、互动游戏、情景分析以及经典文章重温等环节，犹如一条紧密相连的知识链条，将责任的概念逐步清晰地呈现在学生面前。

在整个教学过程中，学生展现出了令人欣慰的积极态度，特别是在互动游戏环节，他们热情高涨，积极投入其中。例如，在拼图游戏里，学生们通过团队合作完成拼图，并阐述责任相关内容，这一过程不仅考验了他们的协作能力，更重要的是让他们在实践中深化了对责任的理解。每一块拼图的拼接，都像是在构建责任的大厦，而对责任内容的描述，则是为这座大厦添砖加瓦。还有"责任卡片传递"游戏，卡片在学生手中传递，仿佛责任也在彼此心间传递，这种趣味性与教育性相结合的方式，极大地激发了学生的参与热情，使他们对责任有了更为直观和深刻的认识。

然而，尽管本次班会取得了一定的成果，但在反思过程中，我也发现了一些有待改进之处。

首先，在案例选择方面存在不足。本次班会选取的抗疫故事确实具有强大的感染力，展现了无数逆行者在疫情期间肩负责任的伟大形象。但不可忽视的是，对于部分学生而言，这些故事因与他们的日常生活距离较远，导致他们缺乏切身感受。这种距离感可能会在一定程度上影响学生对责任的理解，使他们难以将这些伟大的责任行为与自身联系起来。为了弥补这一缺陷，后续的班会可以增加一些更贴近学生日常生活的案例，比如，深入挖掘班级活动中的责任体现。班级是学生最熟悉的集体环境，像班级运动会、文艺汇演、大扫除等活动，每个学生都承担着不同的角色和责任。有的学生负责组织协调，展现出领导责任；有的学生积极参与后勤工作，履行保障责任；还有的学生在比赛中全力以赴，承担为班级争光的责任。通过分析这些身边的案例，可以让学生更容易理解责任的内涵，明白责任并非遥不可及的宏大概念，而是体现在日常生活的点滴之中。

其次，在引导学生思考方面还需要进一步加强。虽然在班会过程中，大部分学生都积极参与讨论和分享，但仍有部分学生可能只是停留在对责任的表面理解上。他们能够明白责任是什么，但对于如何在实际行动中践行责任却感到迷茫，这反映出我们在教学过程中，给予学生将理论知识转化为实践能力的指导和实践机会还不够。为了解决这一问题，可以在班会后设计一些具有针对性的实践活动，如“责任小天使计划”等。在这个计划中，学生可以在日常学习生活中记录自己履行责任的情况，无论是对自己的学习负责，按时完成作业、认真听讲，还是对他人负责，帮助同学解决学习或生活中的困难，抑或是对班级和学校环境负责，爱护公共设施等行为都可以记录下来，然后定期组织学生进行分享和反思，让他们在交流中互相学习，共同成长。通过这种方式，学生可以更好地将责任意识转化为实际行动，真正将责任融入自己的生活中。

最后，在师生互动过程中，也需要更加关注那些参与度不高的学生。每一个学生都是独特的个体，他们的性格、学习风格和表达方式各不相同。在热闹的班会氛围中，可能会有一些学生因为害羞、不自信或者其他原因而未能充分表达自己的想法。作为教师，我们要敏锐地察觉到这些学生的状态，积极鼓励他们参与到讨论中来，为他们创造一个安全、包容的表达环境。可以通过一些针对性的提问、小组分配等方式，让他们感受到自己是班会的重要一员，确保每个学生都能在班会中有所收获，真正实现责任教育的全面覆盖。

通过这次班会课，我深刻认识到责任教育是一个长期而持续的过程，它不能仅仅局限于一次班会课的时间和空间。在日常教学中，无论是课堂讲解、课后作业还是师生交流，都要时刻渗透责任教育的内容。在生活中，也要引导学生关注身边的现象，鼓励他们从点滴小事做起，逐渐成长为有责任感的社会栋梁，只有这样责任教育才能真正深入人心，发挥其应有的教育价值。

# 第十一节　“言谈有礼”班会课教学设计

【班会背景】

初一学生正处于身心快速发展和价值观形成的重要时期。在人际交往中，言谈作为沟通的主要方式，对他们建立良好人际关系至关重要，然而，当前部分初一学生在言谈方面存在诸多问题，如不尊重他人、表达缺乏分寸、不懂礼貌、沟通能力欠佳等。这些问题不仅影响学生之间的相处，还可能对他们的学习和生活产生负面影响。因此，开展“言谈有礼”主题班会，加强对初一学生的言谈礼仪教育，引导他们文明言谈、好好说话，培养良好的公民素养，成为有教养的人是十分必要的。

【教学目标】

知识与技能目标：让学生了解“言谈之礼”是个人修养的重要方面，是个人素质与社会责任的体现；掌握在不同情境下与人言谈做到有礼有节的方法，包括尊重他人、用语文明、条理清晰、说话有分寸等。通过情景再现、讨论交流等活动，提高学生的表达能力、团队协作能力和分析问题的能力。

过程与方法目标：通过小组合作学习，展示和分析有关“言谈礼仪”的故事、名言警句和行为规范等资料，培养学生自主学习和合作探究的能力。利用角色扮演、情境讨论等方式，让学生在实践中体验和感悟言谈有礼的重要性，并学会运用适当的言谈技巧解决实际问题。

情感态度与价值观目标：感受“言谈礼仪”的魅力，激发学生对中华民族传统美德的热爱和传承之情。培养学生尊重他人、礼貌待人的意识，增强学生的民族自豪感和社会责任感。

【教学重难点】

教学重点：使学生深刻理解“言谈有礼”在人际交往中的重要性，包括尊重他人、以和为贵、言之有理等方面。引导学生掌握在不同情境下言谈有礼的具体方法和技巧，并能在实际生活中运用。

教学难点：让学生将“言谈有礼”的意识内化为自身的行为习惯，尤其是在情绪激动或遇到复杂情境时，仍能保持良好的言谈礼仪。通过案例分析和讨论，引导学生理解“言谈有礼”背后的文化内涵和社会价值，提升他们的道德感悟能力。

**【教学准备】**

教师准备：制作精美的课件，包括与言谈礼仪相关的图片、故事、视频资料等，如国家领导人在国际场合发言的精彩瞬间，以及一些学生生活中的正反言谈案例视频。准备“言谈之星”奖章若干，用于奖励在班会活动中表现优秀的学生。将有关言谈的材料分类整理，编写任务单，分发给各小组组长，挑选并培训参与情景再现的学生，指导他们排练相关场景。

学生准备：分组搜集有关言谈的材料，如故事、经典文化典籍中的名言、《学生文明礼仪日常行为准则》等相关内容。各小组根据任务单要求，提前对所搜集的材料进行分析和讨论，准备在课堂上汇报交流。

**【教学过程】**

### （一）导入班会——知“言谈”

教师：“同学们，今天我们来上一堂特别的班会课。看，谁来了？（播放一段有趣的动画视频：学校的吉祥物小萌出现在画面中）嗨，大家好！我是咱们学校的吉祥物，我一直陪伴着大家呢。今天，我给大家带来了一份神秘的礼物，是什么呢（画面切换，展示‘言谈之星’奖章）？这就是‘言谈之星’的奖章哦。这节班会课，我们就一起来探索如何成为言谈有礼的小雅星！（板书：言谈有礼）”

设计意图：以学校吉祥物导入班会，能迅速吸引初一学生的注意力，激发他们的兴趣。“言谈之星”奖章作为一种激励手段，能调动学生参与的积极性，让他们意识到这堂课与日常生活中的言谈行为息息相关。

### （二）明礼堂——敬为先

教师：“课前，同学们都已经搜集了一些有关言谈的材料，老师已经把它们分类分发给每个小组了。现在，请各小组在组长的带领下，按照任务单的要求，开始合作学习吧。”（学生分组学习，教师巡视指导）

第一组学生代表上台，展示《孔融让梨》的故事材料，并围绕“任务单：说一说，这个故事主要讲了什么？划一划，故事中哪些地方体现了言谈之礼？议一议，孔融的言谈体现了什么品质？”进行交流。

学生代表发言：“孔融把大的梨让给哥哥和弟弟，他说话很有礼貌，尊重长辈和兄弟。这说明在和别人相处时，尊重他人很重要，就像我们在言谈中也要先做到敬为先。”（教师板书：敬为先）

第二组学生代表出示《弟子规》《孟子》等经典文化典籍中的名言材料，围绕“任务单：读一读自己手中的名言；说一说名言的意思；讲一讲从哪里可以看出“言谈之礼”的重要性；说一说这些名言告诉我们什么”上台交流。

学生代表：“比如《弟子规》里说‘称尊长，勿呼名。对尊长，勿见能。’就是告诉我们和长辈说话要有礼貌，不能没大没小。这些名言都体现了从古至今言谈之礼的重要，是我们中华民族一直传承的美德。”

第三组学生代表出示《中学生日常行为规范》相关内容材料，围绕“任务单：读一读这些规范；说一说，从这组材料里，你看出了什么？”上台交流。

学生代表：“国家对我们中学生的言谈礼仪有明确要求，这说明言谈有礼对我们很重要，是我们要遵守的准则。”

设计意图：通过小组合作学习和汇报交流，让学生自主探究和分析不同类型的言谈礼仪资料，包括故事、名言警句和行为规范，从而深刻体会言谈有礼中尊重他人的重要性，同时培养学生的团队协作能力和自主学习能力。

### （三）学礼馆——和为贵

教师：“前几天，小萌在校园里看到了这样一件事。学校要举行足球比赛，一位同学不小心把足球踢到了校外，他想去隔壁班借足球……下面有请两位同学上台再现当时的情景（事先排练：态度不好，很着急，没有借到）。大家来评一评，为什么没借到呢？我们可以怎么改进呢？现在各小组讨论一下，设计一个新的方案。”（学生分组讨论，教师巡视指导）

三组学生上台进行新的情景演绎。在新的情景中，借足球的同学态度诚恳、用语文明，向对方说明情况和自己的着急，并承诺会爱护足球，及时归还。其他同学在每组情景演绎后进行点评。

教师：“大家发现了吗？在这个情景中，这两组同学都做到了什么呢？”

学生："他们态度很好，说话很和气，没有着急，还考虑到了对方的感受。"

教师："对啦，这就是言谈中的'和为贵'。"（教师板书：和为贵）

设计意图：通过角色扮演和小组讨论，让初一学生在具体情境中体验和思考，理解在言谈中保持平和、友善态度的重要性，培养他们的沟通能力和解决问题的能力，同时提高道德感悟能力。

### （四）辨礼会——言有理

教师："（播放视频）小萌还看到了这样一个画面：一个同学在图书馆里大声喧哗，管理员来制止，他却和管理员顶嘴。同学们，你们怎么看这个行为呢？"（学生讨论后交流）

学生："他这样不对，在图书馆要保持安静，而且他和管理员顶嘴是没礼貌的，应该好好说话，说清楚自己为什么这样做。"

教师："那如果是你，你会怎么和管理员解释呢？"（学生讨论后交流）

学生："我会说对不起，我刚才没注意，我不是故意的，我会马上安静下来。"

教师："对，这就是言有理。在和别人交流时，我们要有合理的理由，说话要有条理。"（教师板书：言有理）

设计意图：利用学生生活中常见的负面案例，引发学生思考，让他们在讨论中明白言谈要有理的重要性，并学会在面对问题时如何正确表达自己，培养良好的沟通习惯。

### （五）践行园——语有度

教师："同学们，假如我们学校来了新同学，你作为校园小导游，要带他参观校园，你会怎么和他交流呢？"（学生讨论）

学生："我会先和他打招呼，欢迎他来到我们学校，然后介绍我们学校有哪些好玩的地方，比如，图书馆、操场，说话要清楚、有礼貌。"

教师："很好。那如果在介绍过程中，新同学对某个地方很感兴趣，一直问问题，你该怎么做呢？"

学生："我会耐心地回答他的问题，不觉得他烦，一直保持微笑。"

教师："没错，这就是语有度。我们在说话的时候要注意分寸，根据不同的情况说合适的话。"（教师板书：语有度）

设计意图：通过创设贴近初一学生生活的情境，引导他们将所学的言谈礼仪知识运用到实践中，逐步内化为自身的行为习惯，同时提高他们在实际情境中的应变能力。

### （六）小游戏互动——"礼仪小剧场"

教师准备若干写有不同情境的卡片，例如，"在公交车上不小心踩到别人脚""向老师请教问题""和同学发生矛盾后和解"等。

游戏规则：将学生分成若干小组，每组抽取一张卡片。小组内成员迅速讨论并设计一个简单的情景剧，在短时间内（如5分钟）准备好，然后表演出来，重点展示在该情境下如何做到言谈有礼。表演结束后，其他小组可以进行评价和补充，指出优点和可以改进的地方。教师根据各小组的表现进行点评和总结，强调言谈有礼的要点在不同情境中的运用。

设计意图：通过有趣的游戏互动，让初一学生在轻松愉快的氛围中进一步巩固所学的言谈礼仪知识，同时培养他们的团队合作能力和创造力，激发他们积极参与的热情。

### （七）课堂升华

教师："同学们，"言谈有礼"可不仅仅是我们个人的事情，它宛如一面镜子，映射出我们学校的精神风貌，是学校形象最生动的代言。它又似一条无形的丝带，将我们与中华民族悠久的传统美德紧密相连。当我们言语之间尽显礼貌与尊重时，那是古老文明在现代校园的熠熠生辉，是先辈智慧在我们身上的薪火相传。我们每一个人都是文化的传承者，每一句礼貌的话语都是美德之花的绽放。希望同学们都能成为言谈有礼的好学生，传承中华民族的传统美德，展现我们的风采！让礼貌的言语如春风化雨，润泽校园的每一个角落，让我们的学校因大家的言行之美而声名远扬，让文明之光照亮我们前行的每一步。"

设计意图：通过展示国家领导人在国际舞台上的言谈魅力，激发学生的民族自豪感和责任感，让他们深刻认识到言谈有礼的重要意义，将个人行为与国家形象联系起来，升华主题。

**【教学反思】**

在教育的广袤苍穹下，每一次班会课都如同璀璨星辰，有着独特的光芒和深远的意义。本次“言谈有礼”主题班会，宛如一颗闪耀着文化与智慧之光的启明星，基本达成了预期的教学目标，在初一学生心灵的浩瀚宇宙中，播撒下了言谈礼仪的希望之种。

多样化的教学方法，是我们精心打造的教育利器，如同鲁班手中的神奇工具，雕琢出了精妙绝伦的学习体验。小组合作学习，恰似一幅和谐共生的生态画卷，每个学生都是画卷中独特的笔触。在这个微观社会里，他们学会的不仅是知识的交流，更是文化的交融。倾听他人的观点，如同在古老森林中聆听智者的低语，那是对不同思想的尊重与接纳；表达自己的见解，则像是在文明的舞台上敲响独特的鼓点，是自我价值的彰显。小组合作的过程，是一次小型的社会演练，是对人类协作本质的探索，为理解言谈礼仪搭建了坚实的实践平台。

情景再现，犹如一座跨越时空的文化桥梁，将古今中外的礼仪场景生动地呈现在学生眼前。学生们不再是知识的被动接受者，而是成为了历史与现实的穿梭者。他们通过角色扮演，深入不同的生活情境中，感受着言谈有礼如同春风化雨般滋润人际关系的奇妙。每一个角色的演绎，都是对人性与礼仪的深度挖掘；每一句台词的表达，都是对文明传承的庄重宣誓。这种体验式学习，使学生们从灵魂深处领悟到言谈礼仪不仅仅是言辞的修饰，更是一种对他人情感世界的敬畏与呵护，是人类情感交流的高级密码。

案例分析，宛如一面洞察人性与社会的明镜，以鲜明的对比映照出言谈礼仪的价值维度。精心挑选的案例，是生活这本大书的精彩篇章，它们从不同角度剖析了“言谈礼仪”在社会结构中的基石作用。正面案例像熠熠生辉的灯塔，指引着学生走向文明的彼岸；反面案例则像警示的钟声，敲响在学生们的心头，让他们深刻意识到无礼之言的破坏力。这些案例是社会伦理的生动教材，引导学生在复杂的社会现象中辨别是非善恶，理解言谈礼仪在构建和谐社会中的深远意义，它关乎个人尊严、社会公平与人类的精神追求。

小游戏互动，无疑是这场教育盛宴中的欢乐源泉，是知识与趣味的完美融合。它似一阵充满活力的春风，吹散了传统学习的沉闷阴霾，带来了轻松愉悦的学习氛围。在游戏的世界里，学生们如同自由的精灵，在言谈礼仪的天空中翩翩起舞。每一次欢笑、每一次挑战，都是知识内化的过程。游戏不仅是娱乐，更是一种潜意识的教育引导，让学生们在不知不觉中领悟到言谈礼仪的规范与魅力，这种寓教于乐的方式，将教育的种子深埋在快乐的土壤里，使其生根发芽。

在教学过程中，学生们在情景再现和小游戏环节所展现出的热情与智慧，如同一束束耀眼的阳光，穿透教育的迷雾。他们积极思考，主动发言，展现出的团队协作精神和创造力，是人类文明进步的源动力在青少年身上的生动体现。他们的每一个想法都是对传统的突破，每一次配合都是对和谐的诠释，这是青春活力与文化传承的激情碰撞，让我们看到了教育的希望与未来。

然而，教育的道路从不是一马平川，本次班会课也存在着一些值得我们深思的问题。在小组讨论环节，部分小组的讨论如同在迷雾中徘徊的孤舟，未能深入知识的海洋。这背后反映出的是教育引导的复杂性与学生思维发展的不平衡性。教师作为教育的领航者，此时的引导不应仅仅是方向的指引，更应是对学生思维方式的深度启发。我们需要深入了解学生的困惑根源，运用教育心理学的原理，通过巧妙的问题设置、耐心的倾听与引导，激发学生的批判性思维，帮助他们突破思维的局限，驶向知识与智慧的深海。

在学生发言过程中，个别学生理解存在偏差的情况，更值得我们深入探究。这不仅仅是知识理解的问题，更是教育过程中个体差异与文化背景多样性的体现。教师的点评不应只是简单的正误判断，而应是一次文化解读与思想重塑的过程。我们要以开放包容的心态，理解学生背后的文化语境与思维逻辑，通过针对性的引导，帮助他们建立起正确的礼仪观念。这需要教师具备深厚的文化底蕴和敏锐的教育洞察力，将每一个学生的偏差理解转化为教育的契机，让他们在错误中成长，在困惑中探索，最终领悟到言谈有礼的真正内涵。

展望未来的教学之路，我们仿佛站在教育创新的十字路口，前方有着无尽的可能性。在今后的教学中，增加与初一学生生活实际紧密结合的案例和情境是教育深化的必然选择。这些案例和情境应是生活的真实切片，具有强烈的代入感和现实意义。比如，以校园欺凌现象中的言语暴力为切入点，引导学生思考言谈有礼在维护校园和谐中的关键作用；以社交媒体中的言论风波为例，探讨在虚拟世界中言谈礼仪的新边界。通过这些贴近生活的案例，让学生们深刻认识到言谈有礼是现代社会公民素养的核心要素，它关乎社会公正、人际关系和谐以及个人的精神成长。

同时，家庭作为教育的重要支柱，家长的参与不可或缺。邀请家长参与部分活动，如观察学生在家庭生活中的言谈表现并给予反馈，是构建家校共育生态的关键环节。家庭是言谈礼仪的第一实践场，家长是孩子的第一任礼仪教师。通过这种方式，我们可以将学校教育与家庭教育有机融合，形成教育合力，让学生在家庭与学校的双重环境中，不断强化言谈有礼的习惯，使其成为一种生活方式、一种价值追求。这不仅是对学生个体成长的关注，更是对整个社会文明传承与发展的责任担当。

本次“言谈有礼”主题班会，是一次深刻的教育实践，它让我们在教育的道路上不断反思与前行。我们看到了教育的成效，也正视了存在的问题。在未来的征程中，我们将以更饱满的热情、更科学的方法、更深刻的理解，让“言谈有礼”的种子在每一个学生心中长成参天大树，为构建文明和谐的社会贡献教育的力量。

# 参考文献

[1] 教育部基础教育司.中小学德育工作指南实施手册[M].北京：教育科学出版社，2017.

[2] 丁芳，熊哲宏.智慧的发生：皮亚杰学派心理学[M].济南：山东教育出版社，2009.

[3] 许曙青.职业院校德育主题活动课设计[M].苏州：苏州大学出版社，2008.

[4] 莫里斯・梅洛-庞蒂.知觉现象学[M].姜志辉，译.北京：商务印书馆，2001.

[5] 杜威.民主主义与教育[M].王承绪，译.北京：人民教育出版社，1990.

[6] 瓦兹沃斯.皮亚杰的认知和情感发展理论[M].徐梦秋，沈明明，译.厦门：厦门大学出版社，1989.

[7] 陆有铨.皮亚杰理论和道德教育[M].济南：山东教育出版社，1984.

[8] 檀传宝.学校德育诊断案例研究[M].北京：教育科学出版社，2016.

[9] 夏基松.现代西方哲学[M].上海：上海人民出版社，2006.

[10] 王卫华.教育现象学：观念与方法[M].北京：中国社会科学出社，2020.

[11] 储培君.德育论[M].福州：福州教育出版社，1994.

[12] 王立仁.德育价值论[M].北京：中国社会科学出版社，2004.

[13] 班建武.学校德育问题诊断的策略[M].上海：华东师范大学出版社，2014.

[14] 鲁洁.德育社会学[M].福建：福建教育出版社，1998.

[15] 朱小蔓.情感教育论纲[M].北京：人民教育出版社，2007.

[16] 唐凯麟.伦理学[M].北京：高等教育出版社，2001.

[17] 包连仲，朱贻庭.伦理学概论[M].郑州：河南人民出版社，1985.

[18] 夏征农，陈至立.辞海（6版）[M].上海：上海辞书出版社，2010.

[19] 胡塞尔.纯粹现象学通论[M].李幼蒸，译.北京：商务印书馆，2017.

[20] 戚万学，唐汉卫.学校德育原理[M].北京：北京师范大学出版社，2007.

[21] 中国社会科学院语言研究所词典编辑室.现代汉语词典（6版）[M].北京：商务印书馆，2012.

[22] 鲁洁.当代德育基本理论探讨[M].南京：江苏教育出版社，2003.

[23] 陈简，叶浩生.意义的遮蔽——再论具身认知中的“身”[J].华中师范大学学报：人文社会科学版，2020，59（5）：187–192.

[24] 谢彦生.通过主题实践活动有效实施德育的对策研究[J].科学咨询（教育科研），2020（5）：139–140.

[25] 袁德润.身体的教育意蕴再探——兼论具身视角下请少男校外活动设计[J].教育研究，2020（3）：66–73.

[26] 周晔.学校实践性德育：概念与理论架构[J].西北师大学报（社会科学版），2021（1）：126–134.

[27] 霍锦锡.小学主题式德育活动的优化路径探究[J].才智，2020（9）：62.

[28] 张翠琴.如何开展德育主题教育活动[J].甘肃教育，2020（24）：46–47.

[29] 孙雨，孟维杰.具身道德的认知转向与文化维度[J].自然辩证法通讯，2020，42（10）：105–111.

[30] 韩旭.日本德育中的体验活动[J].国际公关，2020（10）：138–139.

[31] 孟万金.具身德育：机制、精髓、课程——三论新时代具身德育[J].中国特殊教育，2018（4）：73–78.

[32] 王锃，石乐，李同法.具身德育在学生德育工作中的启示[J].教育实践与研究，2018（36）：19–22.

[33] 毕钰.具身认知：学校德育审视的新视角[J].教育探索，2018（4）：73–77.

[34] 裴淼，刘姵希.“以身体之，以心验之”——具身认知理论视角下的教师培训项目设计与实施[J].教师教育研究，2018，30（3）：6–12.

[35] 欧阳斐.当前美国学校道德教育理念及实现方式[J].湖南师范大学教育科学学报，2017（6）：98.

[36] 王雅丽.德育活动的行动品性与育德空间的探寻——基于汉娜·阿伦特“行动”理念的思考[J].上海教育科研，2017（1）.：62–66.

[37] 赵蒙成，王会亭.具身认知：理论缘起、逻辑假设与未来路向[J].现代远程教育研究，2017（2）：29.

[38] 张志勇.关于德育三个基本问题的思考[J].中国德育，2017（6）：50–54.

[39] 张道明.学校德育活动低效的四种表现[J].教学与管理，2017（11）：4–6.

[40] 左群英.体验：让德育活动走进学生心灵[J].中国教育刊，2017（4）：87–91.

[41] 高德胜.生活德育：境遇、主题与未来[J].教育研究与实验，2012，146（3）：5–10.

[42] 刘惊铎.道德体验引论[J].陕西师范大学学报（哲学社会科学版），2003（1）：

85-93.

[43] 金生鈜.何为回到教育事情本身[J].高等教育研究，2015，36（3）：11-17.

[44] 宁虹，钟亚妮.现象学教育学探析[J].教育研究，2002，（8）：32-37.

[45] 任夫锋，张锐.主题班会课程化的单元设计与实践[J].教学与管理，2018（12）：12-14.

[46] 刘柳青.具身认知原理下的高中班会课活动设计与实践[D].广州：广州大学，2019：40-46.

[47] 李笑非.高中主题班会课活动的设计与实践研究[D].成都：四川师范大学，2011：19-26.

[48] 王子钊.回归道德体验：学校德育活动的重释与重构[D].武汉：湖北大学，2023：22-25.

[49] 程琳.适合教育理念下的主题班会实践研究[D].武汉：华中科技大学，2017：3-5.

# 后 记

当完成书稿创作时，心中满是感慨。回首这一历程，宛如一次漫长而又意义非凡的旅程，其中有探索的艰辛，也有收获的喜悦。

在教育领域摸爬滚打多年，我深刻地意识到传统班会课存在的局限。太多的班会课只是简单的说教，教师在讲台上滔滔不绝，学生在台下昏昏欲睡或心不在焉。这种形式难以真正触及学生的内心，更无法有效地培养学生的综合素质。而活动育人理念为班会课带来了新的曙光。在这个信息爆炸、学生个性愈发鲜明的时代，他们渴望通过亲身参与、实践来获取知识和成长，主题班会课迫切需要从传统的单向灌输模式向以活动为核心的多元体验模式转变。

当初，我怀着对教育改革的热忱和对学生成长的关怀，决心深入研究活动育人理念下的主题班会课设计。我希望能够为一线班主任提供一套行之有效的方法和思路，让班会课成为真正富有生命力、能够促进学生全面发展的教育阵地。这不仅是对教育理论的实践探索，更是对学生未来的责任担当。

这一研究过程绝非一帆风顺。首先，理论资料的搜集与梳理就是一项浩大的工程。活动育人理念涉及教育学、心理学、社会学等多个学科领域，要从海量的文献中筛选出与主题班会课设计相关的内容，并将其融会贯通，形成自己的理论基础，需要花费大量的时间和精力。无数个日夜，我埋头于图书馆的资料堆中，或在电子数据库中搜索关键词，眼睛盯着屏幕直到酸痛，笔记写了一本又一本。

而在实践探索方面，更是困难重重。与不同学校、不同年龄段的班主任合作开展主题班会课试点，需要协调各方的时间和资源。每一次班会课的设计都要反复斟酌，从活动目标的确定、活动内容的选择到活动形式的设计，都要考虑到学生的特点和需求。例如，在设计以“团队合作”为主题的班会课时，如何选择合适的团队活动项目，既能激发学生的兴趣，又能真正让他们体会到团队合作的重要性和技巧，是一个巨大的挑战。有的活动过于简单，学生觉得没有挑战性，有的活动则过于复杂，导致场面失控。这期间经历了多次的修改和调整，才逐渐找到了合适的方案。

同时，在研究过程中还面临着来自各方的质疑。一些老师认为传统的班会课已经足够，没有必要大费周章地进行改革；还有人担心活动育人理念下的班会课会过于注重形式而忽略了教育内容本身。面对这些质疑，我也曾有过动摇，但对教育创新的信念让我坚持了下来。我深知，只有通过实践才能证明这种新的班会课设计理念的价值。

在经历了重重困难后，我们也迎来了许多突破与创新。在理论层面，我们构建了一套完整的活动育人理念下主题班会课设计的框架。这个框架以学生为中心，强调活动的情境性、体验性和生成性。我们明确了活动设计的原则，包括目标导向原则、趣味性原则、适度挑战性原则等，这些原则为班会课的设计提供了清晰的指导。

在实践方面，我们创造了多种新颖的班会课活动形式。比如，将角色扮演引入道德教育主题班会课中，让学生扮演不同的角色，在模拟的情境中去体验道德困境和选择。在一次以“诚信”为主题的班会课中，学生们通过扮演商家、消费者、监管者等角色，深刻地理解了诚信在商业活动中的重要性以及不诚信行为带来的后果。这种身临其境的体验比单纯的说教更能让学生铭记于心。

此外，我们还将现代信息技术与班会课活动相结合。利用虚拟现实技术，为学生创造沉浸式的体验环境。在环保主题班会课中，学生们通过佩戴虚拟现实设备，仿佛置身于被污染的环境和美丽的自然环境中，这种强烈的对比激发了他们保护环境的责任感。这些创新的活动形式不仅提高了学生的参与度，更重要的是让教育内容真正走进学生的心灵。

经过多轮的实践检验，活动育人理念下的主题班会课设计取得了显著的成果。从学生的反馈来看，他们对班会课的兴趣明显提高。曾经被视为枯燥乏味的班会课成为了他们每周最期待的课程之一。学生们在班会课中更加积极主动地参与讨论、展示和实践，他们的表达能力、团队协作能力、问题解决能力等都得到了锻炼和提升。在一次关于“梦想与坚持”的主题班会课后，一位平时比较内向的学生在日记中写道：“这次班会课让我明白了，梦想不是遥不可及的，只要坚持，就像我们在活动中克服一个又一个困难一样，我也可以实现自己的梦想。”这种来自学生内心的触动，是对班会课设计最大的肯定。

从班主任的角度来看，这种新的班会课设计理念为他们提供了丰富的教学资源和方法。班主任不再为班会课的单调而烦恼，他们可以根据班级的实际情况灵活地运用这些设计方法，使班会课更加贴合学生的需求，而且，通过班会课的开展，班级的凝聚力也得到了增强，师生关系更加融洽。

从更广泛的教育层面来看，活动育人理念下的主题班会课设计为素质教育的推进提供了一个有力的抓手。它打破了传统教育中知识传授与品德培养相分离的局面，将教育目标融入生动有趣的活动中，让学生在潜移默化中实现全面发展。这种模式也为其他学科的教学改革提供了借鉴，启发我们在整个教育过程中更加注重实践体验和学生的主体地位。

虽然在活动育人理念下的主题班会课设计方面取得了一定的成果，但我深知还有很长的路要走。教育是一个不断发展的领域，学生的需求也在不断变化。未来，我希望能够进一步完善这一设计理念和方法，使其更加适应不同地区、不同类型学校的教育环境。

一方面，继续深化与科技的融合。随着人工智能、大数据等新兴技术的发展，可以探索如何利用这些技术更好地了解学生在班会课的表现和需求，为班会课的个性化设计提供支持。例如，通过分析学生在活动中的行为数据，为每个学生提供针对性的反馈和指导，进一步提高班会课的教育效果。

另一方面，加强与家庭教育、社会教育的协同。班会课不应是孤立的教育环节，而是应该与家庭和社会形成合力。可以设计一些亲子活动类的班会课，让家长参与到班会课中来，促进家校共育。同时，与社会机构合作，开展社会实践类的班会课，拓宽学生的视野，增强他们的社会责任感。

在教育改革的道路上，我们肩负着培养下一代的重任。本书只是一个小小的探索，但我相信，只要我们秉持着对教育的热爱和创新精神，不断努力，就一定能够为学生创造更加优质、富有活力的教育环境，让每一个班会课都成为学生成长道路上的璀璨明珠。

总之，这一研究过程是我教育生涯中的宝贵财富，它让我更加坚定了在教育改革之路上前行的决心，也希望这本书能够为广大教育工作者带来启发和帮助，共同开启主题班会课设计的新篇章。

潘正茂

2024年10月于佛山